教師の全仕事

教師の知っておくべき知識と技能

山本修司著

黎明書房

はじめに

　教室から帰る子どもたちを，毎日「明日も元気に登校しておいで。」と見送りました。
　学校は楽しいことばかりではありません。今日は辛いこと，悲しいこと，また，悔しいことがあったかも知れません。
　でも「明日はきっと楽しいことや嬉しいことが沢山あるよ。みんなでそんな学級を創ろう。」と子どもたちに伝えたかったのです。
　学校は子どもたちを育むところです。一人ひとりに寄り添い，自立するための力を身に付ける，その手助けをするのが教師です。子どもたちがスクスク伸びていく，その支え棒が教師であると考えます。

　今，熟練した技能をもつ先生方が次々と退職されています。それに伴い，若い先生が沢山採用されています。
　この若い先生も４月からベテランの先生方と同じ仕事をこなしていかなくてはなりません。「何から手をつけたらいいのだろう？」「どのように処理すればいいのだろう？」と不安と戸惑いの日々が続くことになります。
　この不安は「先が見通せない」ことと，「仕事の全体像が見えない」ことから生まれるのだと思います。
　沢山の若い先生を指導する中で，少しでも余裕をもって子どもたちの前に立って欲しいという思いから本書の作成を思い立ちました。
　本書は小学校の教育活動をベースにして作成していますが，基本となるところは中学校も同じです。ですから中学校の先生方にとっても十分活用できる内容だと思います。

また，若い先生のための手引きとして企画したものですが，中堅，ベテランの先生や教師を志す方々の要望にもお応えできるものではないかと考えます。

　教師は先ず教育指導者としての基本的な知識や技能を身に付けることが求められます。そのためには，進んで先輩先生の指導を仰いだり，積極的に自己研鑽に努めることが大切です。
　その上で自分の持ち味を生かした指導技術と，目の前の子どもたちの状況に適した指導方法を開発していくことが重要です。
　子どもたちは日々成長します。先生方もそれに負けずに成長し続けてほしいと願ってやみません。

　最後になりましたが本書の出版に御尽力いただいた元中学校教諭の国沢慎二先生と小学校教諭の中谷梓先生，黎明書房の伊藤大真様にこの場をお借りして心よりお礼申し上げます。

山本修司

目　次

はじめに　1
本書の使用に際して　16

第1章　教師として

(1)　子ども理解に努める　17
(2)　人権感覚を磨く　17
(3)　積極的に教材研究や研修に取り組み，
　　自己を成長させる努力を怠らない　18
(4)　日常的に，新聞やテレビ等で社会の情報や
　　教育の情報を収集する　18
(5)　計画性をもって仕事に取り組む　19
(6)　社会人としてのマナーを身に付ける　19
(7)　服務規律を遵守する　20
(8)　長期休業を活用する　21
(9)　学校の取り組みに積極的に参画する　22

第2章　教師の仕事

教師の仕事とは？　23

第3章　学校を知る

1　学校の施設・設備　26
2　教育活動　28
　(1)　学校教育計画　28
　(2)　外部評価のまとめ　29
　(3)　内部評価のまとめ　29
3　学校の組織　29
　(1)　校務分掌　30
　(2)　組織の一員として　30
4　年間行事　31
　(1)　4月行事　31
　(2)　毎月の行事　31
　(3)　月ごとの行事　31
5　校　区　39
　(1)　次の点に留意しながら，校区地図を基に地域を歩きましょう　39
　(2)　定期的に巡回し，子どもの様子や，工事箇所等，校区の変化を把握するとともに，地域の方々との交流に努めましょう　39

第4章　新年度の準備

第1節　学年経営に関して　40
第2節　学級経営に関して　41
1　学習指導計画の立案　41
2　生活指導計画の立案　43
　(1)　子どもの実態の把握　43
　(2)　学級経営方針の決定　43

⑶　具体的方策の立案　44
3　教室準備　46
4　始業式に向けて　47
5　書類等の整理　48

第5章　始業式と学級開き

　⑴　職員打ち合わせ　50
　⑵　始業式　50
　⑶　クラス分け　50
　⑷　学級指導・学級開き　51

第6章　始業式翌日から

1　方針の明示と指導　53
2　学習面の具体的方策についての指導　53
　⑴　学習規律　53
　⑵　教具の準備　54
　⑶　学習の方法　54
　⑷　ノート指導　54
3　生活面の具体的方策についての指導　56
　⑴　基本的生活習慣や学校・学級のルールの指導　56
　⑵　当番，係活動等の指導　56
　⑶　終わりの会，給食時間等の内容と方法の指導　56
4　計画表の作成　57
　⑴　年間計画の作成　57
　⑵　月の予定表の作成　60

5　教材研究と指導案の作成　60
　　(1)　授業の準備　60
　　(2)　指導案の作成　60
　6　当面の行事の準備　60
　　［保健行事］［授業参観］［学級懇談会］［家庭訪問］
　　［集団行動の基本］［校外学習の留意点］

第7章　生活指導

第1節　子どもの発達段階の理解　72
　1　小学校低学年　72
　2　小学校中学年　74
　3　小学校高学年　76
　4　中学生　77
第2節　年度当初に立案した生活上の具体的方策の徹底　78
第3節　生活面の基本事項の指導　79
　1　整理・整頓・後片付け　79
　2　忘れ物をしない　80
　3　時間を守る　80
　4　物を大切にする　81
　5　挨拶・返事をする　81
　6　規則正しい生活　82
　7　健康・安全に気を付ける　83
　8　役割・責任を果たす　84
　9　友達と仲良くする　84
　10　協力・助け合い　85
　11　約束・きまりを守る　86

12　迷惑な行動を慎む　87

13　話を聞く　87

14　集中力・根気　88

15　自主性　88

第8章　学習指導

1　指導者として　90

2　学習指導のポイント　91

3　教材研究　91

　(1)　授業の準備　91

　(2)　指導案の作成　91

4　授業の展開　92

5　授業に向けて　93

　(1)　学習規律の定着　93

　(2)　聞く力の育成　93

6　授業の要素　95

　(1)　ねらい（目標）の明確化　95

　(2)　導　入　95

　(3)　説　明　95

　(4)　発　問　95

　(5)　発言の取り上げ方　96

　(6)　机間指導　96

　(7)　板　書　96

　(8)　その他　97

7　評　価　99

　(1)　子どもの評価　99

(2)　教師の授業の評価　99
　(3)　各教科のポイントと展開例　100
　　　［国語］［社会］［算数・数学］［理科］［生活］［音楽］
　　　［図画・工作］・［美術］［家庭］・［技術・家庭］［体育］
　　　［総合的な学習］［英語］［プログラミング教育］
　　　［アクティブ・ラーニング］

第9章　進路指導

1　キャリア教育　115
2　キャリア教育の必要性　115
3　小学校のキャリア教育　115
4　中学校のキャリア教育　116

第10章　学級づくり

第1節　学級集団づくり　117
1　子ども理解　118
　(1)　学年の発達段階の特徴　118
　(2)　個々の子どもの特徴　118
2　求める子ども像，学級像を明確に　118
3　教師と子どもとの信頼関係を築く　118
　(1)　一人ひとりの子どもとつながる　118
　(2)　自己肯定感を育てる　120
4　学級集団づくり（教師と学級集団との関係づくり）　121
　(1)　担任の目標の明示　121
　(2)　基本的なルールや規律，適切な行動を身に付けさせる　121

(3)　認め合える温かい関係を築く　123
　(4)　達成感のもてる取り組みの実施　124
 5　学級,仲間を見つめる取り組み(子どもと子どもの関係づくり)　124
　(1)　交流からの相互理解　125
　(2)　集団でのコミュニケーション能力の育成　125
　(3)　特別活動　126
 6　保護者との連携　126

第2節　人権教育の推進　127

 1　人権教育　127
　(1)　人権に関わる課題　127
　(2)　人権教育の進め方　127
　(3)　人権教育の指導の留意点　128
 2　いじめ　128
　(1)　いじめの構図　128
　(2)　いじめの原因　129
　(3)　いじめの予防　129
　(4)　いじめへの対応　130
 3　虐　待　133
　(1)　虐待の種類　133
　(2)　虐待の要因　133
　(3)　虐待の防止に向けて　133

第3節　特別活動と道徳教育　135

 1　特別活動　135
　(1)　特別活動の目標　135
　(2)　特別活動のポイント　135
　(3)　内　容　135
　　（A）　学級活動　135

（B） 児童会・生徒会活動　138
　　（C） クラブ活動（小学校のみ）　138
　　（D） 学校行事　138
　2　道徳教育　140
　　(1)　道徳教育　140
　　(2)　道徳の授業　141
第 4 節　特別支援教育　144
　1　特別支援教育の理念と対象となる障害　144
　2　通常学級での特別支援教育を推進するために　145
　3　それぞれの特性を見ていく上での留意点　145
　4　障害の理解　146
　5　問題行動への対応　146
　6　保護者との連携　147

第 11 章　保護者との連携

　1　保護者との良好な関係を築く　149
　2　連携を深める工夫　150
　3　相互理解に時間がかかる保護者に対して　151
　4　保護者への要望　152

第 12 章　問題行動，トラブルに対して

　1　問題行動に対して　153
　2　問題行動への対応例　154
　　(1)　けんか（子ども間のトラブル）　154
　　(2)　暴力，物品の強要，万引き　155

(3)　金銭トラブル，喫煙，火遊び　155
　(4)　物隠し　155
　(5)　器物破損　156
　(6)　落書き　156
　(7)　エスケープ　157
　(8)　教師への暴言　157
3　保護者への対応　157
　(1)　対応の具体策　158
　(2)　留意点　159
4　学校としての取り組み　159
　(1)　教職員の共通認識を築く　159
　(2)　生徒指導体制を確立する　159
　(3)　生徒指導部を充実させる　160
　(4)　保護者や地域との連携　160
　(5)　近隣校との連携　160
　(6)　関係機関との連携　161
　　＜体罰の禁止＞　161
5　不登校　162
　(1)　不登校の原因・きっかけ　162
　(2)　不登校の予防対策　162
　(3)　学校復帰への対応　162
　(4)　復帰後の対応　164
6　学校事故　164
　(1)　対　応　164
　(2)　防止対策　165
7　校内不審者侵入対策　165
8　食中毒への対応　165

第13章　1年間の学級経営のポイント

第1節　4月〜3月の学級経営のポイント　167

4月　167
　［入学式］

5月　170
　［1ヵ月目の振り返り］［個別の指導計画の作成］
　［野外活動に向けて］

6月　171
　［水泳指導］［授業研究会］

7月　172
　［期末懇談会］［通知表の作成］［学期末の仕事］［終業式］
　［夏季休業中］［運動会・体育祭に向けて］
　［修学旅行に向けて］

9月　176
　［始業式］

10月　177
　［文化祭・児童会祭り］［児童会・生徒会役員選挙］
　［彫刻刀等の取扱いの注意］

11月　178

12月　178
　［期末懇談会］［通知表の作成］［学期末の仕事］［終業式］
　［冬季休業中］［卒業式に向けて］

1月　178
　［始業式］［健康管理］

2月　179
　［学力定着度調査］

3月　179
　　　　［卒業式］［子どもとの懇談］［通知表の作成］
　　　　［学期末の仕事］［修了式］［春季休業中］
　第2節　野外活動　181
　　1　日程の決定　181
　　2　学年会　182
　　　(1)　目的の設定　182
　　　(2)　プログラム，日程の検討　182
　　　(3)　係，班分け　182
　　　(4)　教師の役割分担　183
　　　(5)　しおりの内容　183
　　　(6)　服　装　184
　　　(7)　持ち物　184
　　　(8)　学校からの準備物　184
　　　(9)　保護者説明会用プリントの内容　185
　　　(10)　その他　185
　　　(11)　下見について　185
　　3　留意事項　186
　第3節　運動会・体育祭　188
　　1　目標の決定　188
　　2　内容の決定　188
　　3　留意点　188
　　4　指　導　189
　　　(1)　事前指導　189
　　　(2)　当面指導　189
　　5　教師の評価　191

第4節　修学旅行（例・広島への修学旅行）192

1　日程の決定　192
2　学年会　193
　(1)　目的の設定　193
　(2)　コース，活動内容の検討　193
　(3)　教師の役割分担　193
　(4)　係，班分け　194
　(5)　しおりの内容　194
　(6)　資料の内容　195
　(7)　服　装　195
　(8)　持ち物　195
　(9)　学校からの準備物　195
　(10)　教師の持ち物　196
　(11)　保護者説明会用プリントの内容　196
　(12)　その他　196
3　旅行業者との打ち合わせ　196
4　写真屋との打ち合わせ　197
5　引率教師との打ち合わせ　197
6　下見について　197
　(1)　宿泊施設　197
　(2)　見学場所　198
　(3)　移動経路　198
7　留意事項　198

第5節　卒業式　201

1　日程の決定　201
2　学年会　201
　(1)　目的の設定　201

⑵　式の流れ，式場の形態等の検討　201
　⑶　教師の役割分担　202
　⑷　実行委員の活動　202
　⑸　日程に関して　202
3　学級指導　203

第 14 章　表簿の管理

1　1 学期・2 学期　206
　⑴　指導要録 1　206
　⑵　指導要録 2　206
　⑶　健康診断票，歯の検査票　207
2　3 学期末　207
　⑴　指導要録 1　207
　⑵　指導要録 2　207
　⑶　健康診断票，歯の検査票　208
　⑷　指導要録抄本　208
3　出席簿の点検　208

第 15 章　教師とは

1　教師という職業　210
2　プロ意識と持ち味を　210
3　教師の持つべき視点　211
4　課題に対して　212

本書の使用に際して

本書の使用に際して，効果的な活用方法について述べておきます。

経験の少ない先生は，
 A 全章を一読して，各章で何について書かれているかを把握してください。
 B 第1章，第2章，第3章，第4章，第5章，第10章第1節・第2節の各章を熟読し，学級経営の柱となる事項を十分に理解してください。
 C 必要に応じてそれぞれの章を参照してください。
 D 夏季休業，冬季休業にB以外の章を熟読してください。
 E 春季休業に全章に目を通し，次年度に向けて準備をしてください。

経験を積まれている先生方は，
 上記の［A］，［C］，［E］の項を参照して活用してください。
 それぞれの章に書かれている内容に，自分自身の工夫を追加してください。

 本書は基本的な知識や技能についてまとめたものです。先生方の努力でさらなる知識や技能を積み重ね，素晴らしい先生に成長されることを期待します。

第1章
教師として

　教育の目的は，子どもたちが人として生きていくための力を身に付けることです。それは，知識・技能を習得し，それぞれの能力を育て，伸ばすとともに，人との関わり方を体験・学習し，社会参画する姿勢を育むことです。教師はそれらを教え，導き，諭すことを通して子どもたち一人ひとりに寄り添い，一緒に夢の実現を目指すとても重要な役割を担います。

　子どもたちや保護者から信頼される教師であるために，大切なポイントとなる事項を挙げてみます。

(1) 子ども理解に努める

　教師として何よりも大切なのは，子どもの立場で考え，子どもの思いを受け止めることです。

- 一人ひとりに応じた丁寧で，きめ細かな指導を心掛ける
- 子どもと教師の信頼関係の構築と，子ども同士のつながりの強化に努める
- 今，流行っている遊びや話題等，日頃から子どもの世界に関心を持つ

(2) 人権感覚を磨く

　人権感覚とは「一人ひとりを大切にする」感覚です。しかし，人権感覚は自然に身に付くものではありません。日々，自己の感覚を磨き，高める努力が不可欠です。

　人権感覚とは次のような感覚（センス）です。

- 異なったものも，その存在を尊重して受け入れる
- 人の気持ちに共感し，大切にする
- 「偏見」や「差別」に気付き，その解消に努める
- 協力して課題を解決しようとする
- 自分を大切にする

(3) 積極的に教材研究や研修に取り組み，自己を成長させる努力を怠らない

　教師は教育のプロフェッショナルでなければなりません。そのための技術や能力を身に付けるには，研修や実践を積み重ねる以外にはありません。学習指導，生活指導，学級づくり等，まず，基本となる事項を，そしてさらに応用力をできる限り早く身に付けることが求められています。経験の多少にかかわらず，積極的に研修や研究に取り組む姿勢を持ち続けることが大切です。

［研修に参加する場合］

　①研修承認を受ける，②研修を申し込む，③学校を出る時と研修終了時に管理職に報告する，④参加時は服装，印鑑持参に注意する，⑤欠席，遅刻の場合は管理職を通して連絡する，⑥研修のまとめを作成する

※週末には，その週に受けた研修のまとめをしましょう。それをしないと研修の成果が定着しません。また，月末にはその月の研修のまとめを，分野ごとに整理しましょう。習慣化するまでは大変ですが，根気良く取り組んだ人とそうでない人では成長に大きな差が出てきます。

(4) 日常的に，新聞やテレビ等で社会の情報や教育の情報を収集する

　情報は自分だけでなく，子どもの世界を広げるためにも欠かせないものです。得た情報や知識は分かりやすく子どもたちに解説してあげま

第1章　教師として

しょう。

(5) 計画性をもって仕事に取り組む

教師には多種多様な沢山の仕事があります。それらを効率的に処理するためには，計画的に仕事に取り組まなくてはなりません。

- 年度初めには，年間計画を立案する
- 毎月末には，今月の振り返りをするとともに，次月の計画を立案する
- 毎週末には，次週の週案を立案する
- 学期末には今学期の振り返りと，次学期の計画を立案する
- 三学期末には，年間の振り返りと次年度の方針を立てる

計画の立案は仕事の全体像を明確にすることに大変役立ちます。

根気が要りますが，仕事遂行のためには欠かせない作業だと言えるでしょう。丁寧に取り組みましょう。

(6) 社会人としてのマナーを身に付ける

教師である前に，一人の社会人として子どもたちの手本になるように努めましょう。

服装	普段着と仕事着の区別をする 　→公の場に出ても恥ずかしくない身だしなみを心掛ける
	上履きは紐靴を着用する 　→日頃から緊急の事態に対応できる準備をしておく
挨拶	出勤時，退勤時は，同僚に必ず挨拶をする
	上司，先輩には，立ち止まって挨拶をする
	来客には必ず挨拶，会釈し，礼儀正しく対応する 　⇒あなたの態度が職場の評価につながります
	退勤時，「お手伝いすることは有りませんか？」と尋ねてから，「お先に失礼します。」と挨拶する
	先に退勤する人には，「お疲れ様でした。」と声を掛ける

報告	結論，そして経過を要領良く話す （報告する前には話す内容の整理をする）
	上司から呼ばれたら「はい。」と立ち上がり，指示を受ける 　→指示の内容は必ず確認をする
	遅刻，欠勤する場合は，必ず始業前に管理職に届け出る
電話	電話を掛ける前には，話す内容の整理をする
	相手が出たら，自分の名を名乗り，「今，お時間はよろしいですか？」と尋ねる
	相手が不在の場合は，こちらから掛け直すか，電話が欲しいかを伝える
	伝言を依頼する場合は，「失礼ですが，お名前をお伺いしてよろしいですか？」と名前を尋ねる
	掛かってきた電話には，2コール以内に出る習慣を身に付ける
	取り次ぐ場合には，相手の名前と用件を尋ねる
	※1分以上待たせている時 　→「ただ今呼び出しております。申し訳ありません。もう　　しばらくお待ちいただけますか？」と告げる
訪問	前もって予約をする（食事時は避ける）
	約束5分前には到着し，近くで待つ　　※遅刻は厳禁
その他	立場をわきまえた行動を心掛ける （上司，先輩，同僚，後輩に応じて）
	権限を越えた約束をしない
	話はうなずきながら聞く（話の腰を折らない）
	同僚とのコミュニケーションを心掛ける ＜見つけましょう＞ 　・悩みが打ち明けられる先輩と同僚 　・分からないことが尋ねられる先輩
	職場の整理・整頓を心掛ける →外部からの評価の対象になることも有り得ます

(7) 服務規律を遵守する

　身分上，職務上，教師に課せられた義務です。主なものを挙げます。

※詳しくは法律の原文を参照のこと
・信用失墜行為の禁止（地方公務員法第33条）
職の信用を傷つけたり，職全体の不名誉となるような行為をしてはならない
・秘密を守る義務（地方公務員法第34条）
職務上知りえた秘密を漏らしてはならない（職を退いた後も同様）
・職務に専念する義務（地方公務員法第35条）
勤務時間中は職務上の注意力のすべてを職務遂行のために用いなければならない
・政治的行為の禁止（地方公務員法第36条）
政治団体の結成に関わったり，役員になってはならない
政治団体の支持（不支持）の目的で投票を勧誘してはならない
・争議行為等の禁止（地方公務員法第37条）
同盟罷業や怠業等の争議行為や，職場の活動能率を低下させる怠業的行為をしてはならない
・営利企業等の従事制限（地方公務員法第38条）
任命権者の許可なしに営利企業に勤務したり，営んだりしてはならない
・研修（教育公務員特例法第21条）
教育公務員は職責を遂行するため絶えず研究と修養に努めなければならない

(8) **長期休業を活用する**

じっくり腰を据えて物事に取り組める期間です。計画的に，有効に時間を活用しましょう。

① 今学期の振り返り
② 次学期以降の計画立案
③ 次学期以降の教材研究，教材の準備

④ 行事の計画立案，準備
⑤ 研修参加
⑥ 地域行事やＰＴＡ行事への参加
⑦ 心身のリフレッシュと自己研修を

教師として，人として見聞を広め，子どもに語れる体験を

(9) **学校の取り組みに積極的に参画する**

充実した教育活動を進めるには，教職員の協力が欠かせません。それぞれの経験に応じて積極的に，そして主体的に学校や学年の取り組みに参画しましょう。

第一期	指導に関して	学習指導，生活指導等の基本的な知識や技術を習得する
	学校運営に関して	それぞれの分掌での役割を果たす ※多くの分掌を経験することが大切です
第二期	指導に関して	専門的な知識や技術の習得に努める
	学校運営に関して	学校組織や分掌の中核として運営に関わる
第三期	指導に関して	専門的な知識や技術の習得のみならず，他の指導に当たる
	学校運営に関して	教育活動全体を視野に入れ，運営に参画する

それぞれの学校の状況によりますが，在職10年程で第三期の働きが求められるのが現状です。自覚をもって資質，能力の向上に努めましょう。

身に付けなければならないことが沢山ありますが，焦らず，一つひとつ，着実にマスターしていくことが大切です。

第2章
教師の仕事

教師の仕事とは？

　学校教育法第37条―⑪には，「教諭は，児童の教育をつかさどる」と記されています。（中学校もこれに準用）

　この条文から，「教科の指導が仕事だ」と考えがちですが，それらに関連する仕事，また，それ以外の仕事が大変多くあります。それだけ「教育をつかさどる」とは広いものなのです。

　教師の仕事と考えられるものをいくつか挙げてみます。

[学習指導（教科等の指導）の関係]
◇指導計画立案　◇教材研究　◇指導案作成　◇授業準備　◇授業 ◇個別指導　◇評価テスト作成　◇成績処理　◇評価　◇学級活動 ◇クラブ活動指導　◇委員会活動指導　◇児童会・生徒会活動指導 ◇研修（校内，校外）　等
[生活指導の関係]
◇生活指導　◇朝の立ち番指導　◇校区パトロール ◇安全指導（避難訓練，交通安全指導，登下校指導，安全点検等） ◇保健指導（健康診断，身体測定等）　◇給食指導　◇清掃指導 ◇部活動指導　◇問題行動対応 ◇人権教育　◇学級集団づくり　◇研修（校内，校外）　等
[進路指導の関係]
◇キャリア教育 ◇進路指導（進路情報の収集・提供，進路相談，進路の選択等）

[会議等の関係]
◇職員会議　◇分掌担当会議（3～4部署）　◇学年会 ◇担当行事の立案，提案，実施　◇職員作業　◇校外会議参加
[表簿等の関係]
◇表簿の処理（出席簿，指導要録①②，健康診断票，歯の検査票　等） ◇通知表作成　◇在籍調査　◇欠席調査　◇転出入処理 ◇諸費帳簿処理
[行事の関係]
◇入学式　◇始業式　◇対面式　◇離任式　◇終業式　◇卒業式 ◇修了式　◇児童・生徒集会　◇音楽会　◇作品展　◇美化活動 ◇市主催行事参加　◇運動会・体育祭　◇文化祭・児童会祭り ◇校外学習　◇野外活動　◇修学旅行 ※これらの計画立案，事前指導，当面指導，事後指導も含まれます。また，校外行事には渉外，下見，届の作成，しおりの作成等も含まれます。
[渉外の関係]
◇保護者（学級懇談会，家庭訪問，授業参観，個人懇談，学年通信発行，学級通信発行等）　◇隣接校（小中連携事業　等） ◇ＰＴＡ（行事，会議）　◇地域団体（行事，会議）　◇関係機関

　海外からは，日本の教師は大変優秀だと評価されています。

　これだけの仕事をテキパキ処理するのですから当然だと思います。

　仕事を効率的に処理するためには，工夫が必要です。一例を挙げてみます。

　① やらなければならない仕事，思いついた仕事を書き出す

　　（または付箋に書いて並べる）

　　⇒仕事の全体像をイメージするのに役立ちます。

　　※翌日の準備のために，退勤前にまとめておきましょう。

　② 仕事の優先順位を決める

　③ それぞれの仕事にかける時間を設定する

④ 済んだ仕事には，○をつける
　（または，付箋を処理済みの欄に移す）
　⇒達成感と，次への意欲が生まれます。

　教師の大きな悩みの一つが子どもと過ごす時間が十分に確保できないことです。大切な子どもとの時間を増やすために，自分に合った効率的な方法を工夫することが必要です。

第3章
学校を知る

　教師として最初の，そして最も大切な仕事は［学校］を知ることです。学校教育に関する大まかな知識を身に付けているかどうかが仕事の成果を左右します。
　「施設・設備」「教育活動」「学校の組織」「年間行事」「校区」に分けて説明します。

1　学校の施設・設備

　学校には，校舎，体育館，運動場，プール等，沢山の施設や設備が備わっています。それぞれの場所や設備を理解しておくことはとても大切です。
　①　全体の把握
　「学校教育計画」に記載されている「校舎配置図」や「教室配置図」等を参考に，教室棟，管理棟，体育館，運動場，プール等，全体の位置関係を把握しましょう。
　②　校舎内の巡回
　「教室配置図」等を参考に，校舎内を歩いてみましょう。
◇職員室，校長室
・資料や書類の保管場所
・印刷関係の機器等の設置場所
　※コピー，印刷機や放送機器の使用方法を教えていただきましょう。
◇普通教室

- 学年の教室配置の確認
- 教室の広さ，出入り口，黒板，放送機器，冷暖房設備等の確認

◇特別教室（理科室，音楽室，図工室，家庭科室，ＩＣＴ教室，視聴覚教室，多目的室等）と準備室
- 教室内や準備室の設備や様子
- 備品の保管状況等の確認
- ガスや水道の元栓等の確認

◇保健室
※できれば担当教諭に室内の説明や児童生徒の様子を聞かせていただきましょう。

◇図書室
- 本の配置や机，椅子の数の確認
- 大型絵本や紙芝居等の確認

◇放送室，放送準備室
- 放送設備や視聴覚機器の確認

◇体育館
- 広さや備品の保管状況の確認

◇資料室
- 各教科の備品と保管状況

◇トイレ
- 便器の数や使用方法の確認

※その他，会議室，給食配膳室，下足室，倉庫等の位置も確認しましょう。

※分電盤，止水栓の位置を覚えておくと，いざという場合の役に立ちます。

＜重要＞
◇階段や非常口，消火設備の位置と数

◇鍵の保管場所と使用方法（許可の有無）の確認
※危険個所の有無も確認
③　学校敷地内の巡回
◇運動場，運動具倉庫，遊具や体育施設，プール，農園や花壇，飼育小屋，給水施設，受電施設，通用門，水道蛇口の位置等の確認
◇運動具倉庫やプールの様子，備品の管理状況等の確認
◇危険個所の確認
④　学校周辺の巡回
◇学校の周囲の様子を把握

2　教育活動

教育活動の状況を知るための資料として，「学校教育計画」，「校内研修のまとめ」，「外部評価のまとめ」，「内部評価のまとめ」等が役立ちます。管理職にお願いして，これらの資料をいただきましょう。

(1)　学校教育計画

学校教育計画は，その学校の教育活動が凝縮されたものです。学校の様子を把握するために，丁寧に目を通しましょう。

①　学校経営の基本方針，教育目標，重点目標

　　教育活動を展開するための方針や目標です。これらに沿って教育活動が実践される最も大切なものです。

②　指導計画

　　指導の重点や，教科・領域の全体計画，年間指導の計画を示したものです。「校内研修のまとめ」も参考に，教育活動の具体的把握に努めましょう。

③　年間授業時数，日課表，学年の校時　等

　　年間指導時数は，各学年の各教科・領域の年間指導時数の基準が示されたものです。

日課表や，学年の校時表（曜日ごとの授業時間を表したもの）もきちんと把握しておきましょう。
④ 年間の行事，保健，安全等の計画
　１年間の教育活動の流れを理解するのに，大変役立つと思います。
⑤ 防犯，安全に関する対策と，対応マニュアル
　子どもの安全に関わる大変重要なものです。しっかりマスターしておく必要があります。
　その他，学校の歴史や校区の様子（校区地図を参考に）の把握に努めましょう。
　学年・学級の子どもの人数や，地区別の子どもの人数を把握しておくことも，子どもの様子をイメージするのに役立つでしょう。
　◇校歌の楽譜をいただき，歌えるように練習しておくことも学校を理解し，好きになるきっかけとなります。

(2) 外部評価のまとめ
　学校教育自己診断等の外部評価のまとめは，保護者や子どもたち，地域の人々が学校や教育活動をどのように捉えておられるかを知るのに役立ちます。今後の活動の参考にしましょう。

(3) 内部評価のまとめ
　年度末反省等，学校教職員による教育活動の評価のまとめです。成果と改善点を把握し，次年度の活動に活かしましょう。
　また，外部評価との比較も，異なった視点から教育活動を捉えるのに参考になると思います。

3　学校の組織

　学校では，学校長，（副校長），教頭，教諭（首幹教諭，指導教諭，栄養教諭等も含む），養護教諭，事務職員，講師，校務員，給食調理員，施設管理人，カウンセラー等，多くの職員が協力して教育活動を進めて

います。

　また，地域ボランティアの方々に協力を得る機会も増えています。

　◇教育活動を充実したものにするには，教職員の連携が欠かせません。同僚職員の氏名と役割を早く覚えましょう。

　（職員写真等を利用すると良いでしょう。）

　・管理職や同僚職員との対話に努めましょう。特に，同じ学年や同じ分掌の教師とは積極的にコミュニケーションを取るように心掛けましょう。

(1) **校務分掌**

教育活動を進めるため教職員で業務を分担しています。それが校務分掌です。（資料1，P.32-33）

　◇担当する分掌の仕事内容を十分に理解しておきましょう。

　（学校の規模にもよりますが，一人で3～4の分掌を担当することになります。）

　◇分掌を担当するに当たっては，次の点に留意しましょう。

　　・計画を立て，見通しをもって仕事に当たる

　　・計画案の提案等，期限を順守する

(2) **組織の一員として**

学校の教育活動や校務分掌，学年の取り組みに，積極的に参画しましょう。

［留意事項］
- 取り組んでいる仕事が学校の教育活動全体の中のどの部分を担っているのか，広い視野で捉える
- 「学級より学年」，「学年より学校」の優先順位を明確にして仕事に当たる

　ＰＴＡの組織や地域団体の組織についても理解に努めるとともに，進

んで行事に参加し，交流を深めることが大切です。

4　年間行事

教育活動の充実には，1年間の流れを把握することが大切です。

主な行事の実施時期や月ごとの行事を理解し，計画的に，効果的な取り組みを進めましょう。一般的な小学校の例を挙げておきます。

（中学校は「児童」を「生徒」に置き換えて考えてください。）

(1)　4月行事（資料2，P.34-35）

(2)　毎月の行事

◇在籍調査　◇長期欠席調査（前月分）　◇安全点検　◇企画委員会　◇職員会議　◇分掌部会　◇学年会（毎週1回）　◇諸費徴収（口座引き落とし2回，現金徴収1回）　◇朝の読書活動（週1回）　◇下校指導（隔週1回）　◇放課後学習（週2回）　◇心の教室（週1回）　◇児童朝会（第1，3火曜日朝）　◇委員会活動（第1月曜日6校時）　◇クラブ活動（第1以外の月曜日6校時）　◇部活動（中学校）　◇ふれ愛フリースクエアー　◇PTA役員会（毎月1回）　◇PTA実行委員会（隔月1回）　※心の教室…子ども・保護者のための心理相談

(3)　月ごとの行事

5月 ||||||||||||||||||||||||||||||||||||||||||||||||||||||||||

◇祝日…憲法記念日（3日），みどりの日（4日），こどもの日（5日）　◇基本統計調査（1日）　◇内科検診　◇歯科検診　◇眼科検診　◇耳鼻科検診（1年生）　◇聴力検査　◇尿検査　◇心電図検査　◇人権・生徒指導全体会　◇いじめ・不登校対策委員会　◇支援教育委員会　◇評価委員会　◇分掌部会　◇教科部会　◇予算委員会　◇校内研修会　◇音楽鑑賞会　◇校外学習　◇日曜参観　◇中学3年生修学旅行（3泊4日）　◇5年生野外活動説明会　◇仲良し月間　◇児童会学年交流会　◇支援学級参観・懇談会　◇中間テスト（中学校）

資料1
校務分掌表

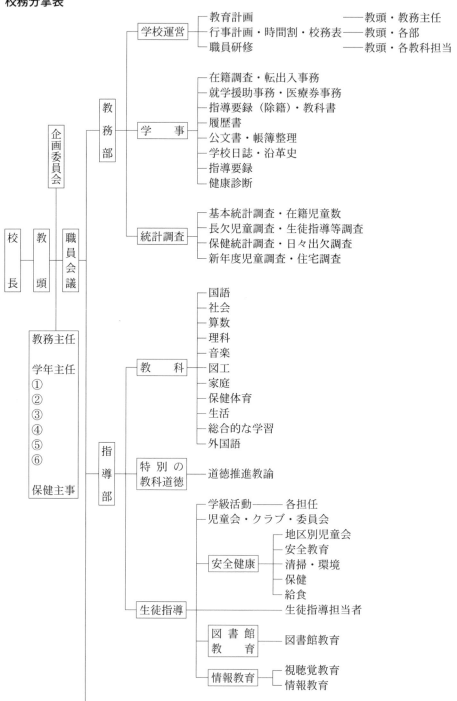

- 研究部
  - 校内研究
    - 本年度主題
    - 活性化事業
  - 人権教育
    - （コーディネーター）
    - 人権推進委員会（支援教育推進委員会）
  - 行事研究
    - 儀式的行事
    - 体育的行事
    - 校外学習
  - 環境教育
- 庶務部
  - 庶務
    - 文書・諸届
    - 備品台帳・備品整備
    - 各教科備品
    - 市予算計画
    - 出勤簿・有給休暇簿
    - 住所録
    - 児童名簿・日直割当
    - 消耗品・郵便・電話
    - 職員厚生（ロッカー靴箱）
  - 経理
    - 給与・旅費・共済互助
    - 市予算執行
    - 学校徴収金（諸費）給食事務
    - 日本スポーツ振興センター
    - 市学校園共済会
  - 施設管理及び営繕
    - 教室・特別教室管理
    - 環境整備・営繕・農具
    - 印刷機・コピー
    - 視聴覚機器
    - 給食用具
    - 清掃用具・油・マット
    - 机・椅子・靴箱
    - ストーブ・扇風機・消火器
    - カーテン等クリーニング
  - 渉外
    - ＰＴＡ書記補・会計補
    - ＰＴＡ各種委員会
    - 校区福祉員会
    - 青少年を守る会
    - 青少年育成指導委員会
    - 校区体育指導
    - 学校施設開放事務関係
    - 学校開放運営委員会
    - 体育指導委員
    - 市教研担当者
    - 情報教育主担当者
    - 地域連携
- 委員会
  - 虐待対応委員会
  - いじめ・不登校対策委員会
  - 支援教育委員会
  - 情報倫理委員会
  - 評価委員会
  - 学力向上委員会

資料2

市立きらら小学校

○○年度 4月行事予定　4／1現在

日	曜	学 校 行 事	保健等	出張・PTA等
1	土	ふれ愛フリースクエアー		PTA役員会
2	日			地域団体行事
3	月	辞令交付　着任式　職員打ち合わせ　学年会		校長会連絡協議会
4	火	職員会議　学年会		校長会
5	水	入学式準備　学年会		
6	木	第80回入学式　職員会議　部会（A）春の全国交通安全運動（〜15日）		
7	金	部会（B）　職員会議通常学級・支援学級担任連絡会		中学校入学式
8	土	ふれ愛フリースクエアー		地域団体会議
9	日			
10	月	第1学期始業式　校外学習下見　学年会在籍調査　前期用教科書配布		市立幼稚園入園式
11	火	放課後学習登録（2〜6年生）教科部会委員会会議（評価，いじめ・不登校対策，支援教育）	身体測定（6年生）	校長会
12	水	離任式　給食開始（2〜6年生）職員会議（年間計画）	身体測定（5年生）	
13	木	対面式　安全点検	身体測定（4年生）	
14	金	企画委員会	身体測定（3年生）	
15	土	ふれ愛フリースクエアー		地域団体会議
16	日			
17	月	1年生給食開始　学級懇談会…1年生（5限目），2〜6年生（6限目）　学年会	身体測定（2年生）	
18	火	児童朝会　学習状況調査　放課後学習	身体測定（1年生）	
19	水	地区別児童会（5限目）集団下校職員会議（定例）		

第3章 学校を知る

20	木	朝の読書タイム　委員会活動（6限目）	尿検査 省略心電図	ＰＴＡ総委員会
21	金	リコーダー講習会（3年生）　校内研修会 学年会		
22	土	ふれ愛フリースクエアー		地域団体総会
23	日			地域団体総会
24	月	家庭訪問　職員作業	視力検査 （5・6年生）	
25	火	家庭訪問　職員作業	視力検査 （3・4年生）	
26	水	家庭訪問　職員作業	視力検査 （1・2年生）	
27	木	家庭訪問　職員作業		
28	金	家庭訪問（予備）　職員作業		予算説明会 教頭会
29	土	祝日（昭和の日）		
30	日			

（備考）
　　不審者対応避難訓練　校外学習　諸費徴収　ＰＴＡ会議
　　　※部会（A）（B）とは，分掌部会開催の都合上便宜的にグループ分けしたもの
　　　※ふれ愛フリースクエアー…地域の方々による子ども教室

◇市合同音楽祭　◇図書選定　◇ＰＴＡ予算総会　◇地域団体総会
※仲良し月間…いじめ防止等，人権教育を集中的に実施する月間

6月 ||||||||||||||||||||||||||||||||||||||||||||||||||||||||||||||

◇授業参観・懇談会　◇支援教育校内委員会　◇分掌部会　◇教科部会　◇校内研修会　◇いじめ・不登校対策委員会　◇支援教育委員会　◇評価委員会　◇救急救命法講習会　◇プール清掃　◇プール給水　◇プール開き　◇5年生野外活動（1泊2日）　◇期末テスト（中学校）◇小中連携交流会　◇市教育研究会　◇初任者授業公開　◇放課後学習1年生登録

7月 ||||||||||||||||||||||||||||||||||||||||||||||||||||||||||||||

◇祝日…海の日（第3月曜日）　◇4年生堆肥づくり　◇6年生老人施設訪問　◇期末個人懇談（4日間）◇通知表提出　◇地区別児童会・集団下校　◇精算報告書提出　◇給食終了　◇大掃除　◇備品返却　◇1学期終業式　◇諸表簿提出　◇職員作業　◇校内研修会　◇人権・生指全体会　◇プール清掃　◇プール給水　◇夏季休業開始　◇水泳集中練習（2日間）　◇プール地区開放　◇校区パトロール　◇人権教育夏季研修会　◇図書整理　◇修学旅行下見　◇地域行事（盆踊り）

8月 ||||||||||||||||||||||||||||||||||||||||||||||||||||||||||||||

◇祝日…山の日（11日）◇プール地区開放　◇校区パトロール　◇職員健診　◇市教育研究会　◇プール清掃　◇プール給水　◇校内研修会　◇分掌部会　◇教科部会　◇いじめ・不登校対策委員会　◇支援教育委員会　◇校外学習下見　◇小中連携研修会　◇人権・生指全体会　◇2学期始業式　◇学校美化活動　◇風水害避難訓練・集団下校　◇夏休み作品展　◇給食開始

9月 ||||||||||||||||||||||||||||||||||||||||||||||||||||||||||||||

◇祝日…敬老の日（第3月曜日），秋分の日（22日または23日）

◇後期用教科書配布　◇身体測定　◇プール納め　◇安全教室（ＰＴＡと共催）　◇運動会特別時間割開始　◇運動会用委員会活動　◇入退場門設置　◇運動会全体練習（3回）　◇テント設営　◇実力テスト（中学校）　◇文化祭（中学校）　◇人権・生徒指導全体会　◇校内研修会　◇秋の全国交通安全運動（9/21〜30）

10月

◇祝日…体育の日（第二月曜日）　◇運動会・体育祭準備　◇運動会・体育祭　◇校外学習　◇視力検査　◇ブラッシング指導（1，3年生）　◇支援教育校内委員会　◇分掌部会　◇教科部会　◇いじめ・不登校対策委員会　◇支援教育委員会　◇支援教育研修会　◇評価委員会　◇校内研修会　◇市教育研究会　◇授業参観・懇談会　◇後期児童会・生徒会役員選挙　◇6年生修学旅行説明会　◇中間テスト（中学校）　◇ＰＴＡ学年行事　◇就学時検診　◇市陸上大会　◇初任者授業公開　◇仲良し月間　◇児童会学年交流会　◇新入生園訪問

11月

◇祝日…文化の日（3日），勤労感謝の日（23日）　◇6年生修学旅行（1泊2日）　◇校外学習　◇教科部会　◇人権・生徒指導全体会　◇オープン参観　◇読書週間　◇中学校地域交流会　◇6年生中学校見学会　◇児童会祭り（小学校）　◇実力テスト（中学校）　◇期末テスト（中学校）　◇市駅伝大会　◇幼小交流会　◇校内研修会（授業公開）

12月

◇祝日…天皇誕生日（23日）　◇期末個人懇談（4日間）　◇学校教育自己診断　◇地区別児童会・集団下校　◇分掌部会　◇いじめ・不登校対策委員会　◇支援教育委員会　◇校内研修会　◇通知表提出　◇精算報告書提出　◇諸表簿提出　◇職員作業　◇幼小交流会　◇6年生老人施設訪問　◇給食修了　◇大掃除　◇2学期終業式　◇学校美

化活動　◇冬季休業開始

1月

◇祝日…元日（1日），成人の日（第2月曜日）　◇3学期始業式　◇給食開始　◇身体測定　◇地震，火災避難訓練（17日）　◇オープン参観　◇卒業テスト（中学校）　◇校内研修会　◇市教育研究会　◇非行防止教室（5年生）　◇仲良し月間　◇児童会学年交流会

2月

◇祝日…建国記念の日（11日）　◇分掌部会（年間反省）　◇教科部会（年間反省）　◇支援教育校内委員会　◇支援教育委員会（年間反省）　◇人権・生徒指導全体会　◇いじめ・不登校対策委員会（年間反省）　◇評価委員会　◇校内研修会　◇市教育研究会　◇授業参観・懇談会　◇高校入学試験（中学校）　◇入学説明会　◇保育所交流会　◇学年末テスト（中学校）　◇校内音楽会　◇盲導犬学習会（3年生）　◇前期児童会役員選挙　◇小中連携交流会　◇児童会学年交流会　◇新任授業公開

3月

◇祝日…春分の日（20日または21日）　◇高校入学試験（中学校）　◇卒業生を送る会　◇地区別児童会・集団下校　◇人権・生徒指導全体会　◇支援教育全体会　◇分掌部会（次年度計画）　◇教科部会（次年度計画）　◇支援教育委員会（次年度計画）　◇いじめ・不登校対策委員会（次年度計画）　◇校内研修会（年間反省，次年度計画）　◇卒業式準備　◇卒業式　◇通知表提出　◇精算報告書提出　◇諸表簿提出　◇給食終了　◇大掃除　◇修了式　◇机・椅子移動　◇校内美化活動　◇新年度学級編成　◇PTA決算総会　◇PTA新旧役員会　◇春季休業

5 校区

　子どもたちが生活する地域の様子を，子どもたちの立場で理解することはとても大切です。

　また，学校を支えてくださっている地域の方々と交流を深めることは，教育活動を進める上でもとても大きな力となります。

(1) 次の点に留意しながら，校区地図を基に地域を歩きましょう

　◇東西南北と，校区の中の学校の位置を確認する

　◇地域の様子を知る

　　◆子どもたちが集まる所（公園，広場，空地　等）

　　◆商店，病院，交番，消防署　等

　　◆危険な所（川，池，線路，踏み切り，交通量の多い道路，工事箇所　等）

　　◆登下校で気をつけなければいけない所

　　　（人通りが少ない，交通量が多い，道幅が狭い，工事中　等）

　　◆子どもたちの住居の確認（地図に記入しておく）

(2) 定期的に巡回し，子どもの様子や，工事箇所等，校区の変化を把握するとともに，地域の方々との交流に努めましょう

　◇子どもの安全を見守ってくださる方々にお礼の言葉を

　◇商店にも挨拶を

　※隣接する校区の様子を知っておくと，隣接校との情報交換の際に役立ちます。

第4章
新年度の準備

　新年度が順調にスタートするためには，準備を万全にしておくことが重要です。学級担任として年度初めにしなければならないことを挙げます。

第1節　学年経営に関して

学年担任集団で十分に検討しましょう。
① 　担任する学級の決定
② 　学年経営方針の確認
③ 　学年目標の決定（学校目標との整合性を考慮して）
④ 　配慮を要する子ども等の共通理解
⑤ 　担任外の先生に指導していただく教科の決定
⑥ 　校務分掌の学年での分担
⑦ 　教科の年間指導計画
⑧ 　行事の年間計画
年間の行事予定，実行委員会形式をとる行事，担当の分担等
※春の校外学習立案，見学施設や交通機関の予約と下見を早急に行う
　　修学旅行，野外活動等の当該学年は施設等の予約の確認を行う
⑨ 　学年全体で取り組む合同での体育，音楽等の計画と担当決定
⑩ 　宿題，学級指導等の学年の申し合わせ
⑪ 　使用するノート，ドリル，教材等の決定

⑫　年度当初の購入品（学年分）の発注
　　ノート，ドリル類，サインペン，画鋲等の消耗品
⑬　会計の方法（学年会計か学級会計か，積立を行うか　等）とその担当者の決定
⑭　学年費，積立金の金額の決定
⑮　学年だよりの名前，内容，作成順番の決定
⑯　教科の担当の分担（テストプリント作成等の分担も）
⑰　４月８日（始業式の日）の日程について当日の流れの確認と，クラス分け発表の方法　等
⑱　家庭環境調査票等の準備（必要なら集金袋も）
⑲　指導要録，健康診断票，健康管理カード，子どもの氏名印等の分配
⑳　通知表の検討（内容，字句，評価規準，評価基準　等）

第２節　学級経営に関して

年間計画の立案は，学級担任として最も重要なものです。

１　学習指導計画の立案

①　学習指導方針の決定
学習指導全般の方針を明確にしましょう。
　　（例）◇子どもの活動の重視…◆考える時間の確保
　　　　　　　　　　　　　　　　◆考えの交流
　　　　　　　　　　　　　　　　◆質問の時間の確保　等
　　　　◇指導方法の研究………◆教材研究の徹底と指導案の作成
　　　　　　　　　　　　　　　　◆新しい指導方法の工夫
　　　　　　　　　　　　　　　　◆話し方の工夫　等

　　　　　◇学習方法の指導………◆教科ごとの学習方法の指導
　　　　　　　　　　　　　　　◆答えの見直しの徹底
　　　　　　　　　　　　　　　◆間違い直しの徹底　等
　　　　　◇個別指導の充実………◆個人指導の時間の確保
　　　　　　　　　　　　　　　◆個人指導の方法の工夫　等
※初めはシンプルなものでよろしいですが，経験を積むにつれて独自の工夫を取り入れましょう。
②　各教科の指導方針・方法の決定
学習指導方針に基づいた学習指導の具体的方策を策定しましょう。
(例) 国語科（週5時間）
　　　◇3時間－教科書指導
　　　　　　　　　◆単元に応じた指導
　　　　　　　　　◆読みの重視→毎時間取り入れる
　　　　　　　　　◆漢字指導→毎日2字ずつ
　　　◇1時間－図書指導と読みの指導（隔週）
　　　（図書指導）　◆図書の紹介
　　　　　　　　　◆教師の読み聞かせ
　　　　　　　　　◆読書カードの活用
　　　（読みの指導）◆教科書文や名文
　　　◇1時間―習字
　　　◇その他，文の決まり（月1時間）作文（月2時間）等
※初めはシンプルなものでよろしいですが，経験を積むにつれて独自の工夫を取り入れましょう。
③　各教科の年間指導計画の立案
1年間の指導計画の概略を立案しておきましょう。
詳細案は【第6章 始業式翌日から　4 計画表の作成　(1) 年間計画の作成】(P.57) に基づいて綿密に立案しましょう。

④　各教科第一単元の指導案の作成

次の項を参照しましょう。

　【第8章 学習指導　3 教材研究　(2)指導案の作成】（P.91）

始業式から授業ができるように準備しておきましょう。

⑤　授業の準備

2　生活指導計画の立案

それぞれの学年のおおよその発達段階の特徴を理解しておきましょう。次の項を参照しましょう。

　【第7章 生活指導　第1節 子どもの発達段階の理解】（P.72）

(1)　子どもの実態の把握

担当する学級の子どもの実態をできるだけ詳しく把握しておきましょう。

①　在籍児童生徒数と，その氏名の確認

　※始業式当日の転入生も考慮に入れる

②　前年度の様子の把握

前担任や関わりのあった教師に話を聞いたり，指導要録に目を通したりして情報を収集する

◇学年の特徴と，著しい事柄の概要

◇前担任等の学級経営方針と，指導の経過

◇配慮を要する子どもについて

　※色々な場面での支援の方法も学んでおく

③　出席番号の確認

(2)　学級経営方針の決定

①　学校教育目標を基本にする

②　経営方針の柱とするものを明確にする

　（例）◇ルールの確立

　　　　◇認め合う関係の構築
　　　　◇前向きな姿勢の育成　等
③　柱を基に，具体的方針と方策を決める
　（例）◇ルールの確立
　　　　　　◆学級目標の設定→みんなで考える
　　　　　　◆学級のルールを作る
　　　　　　　→・ルールが必要な理由を考える
　　　　　　　　・みんなが守らなければ困るルールを考える
　　　　　　◆ちょっとしたルール破りを許さない　等
　　　◇認め合う関係を築く
　　　　　◆優しい行動や思いやりを褒める
　　　　　◆目立たない頑張りをみんなに紹介する
　　　　　◆望ましい行動を教える　等
④　一つひとつの場面，活動に関しての方法・ルールを決める
　　（決めたルールは余程のことがない限り変更しないこと！）
⑤　学期終了時，必ず反省・評価をし，次学期の方針を決める
(3) 具体的方策の立案
①　学校のルールの確認
学校の学習面，生活面のルールを確認し，子どもたちへの指導の準備をしておく
②　学級での活動の具体的方策の立案
(2)の学級経営方針の④で決めた方法やルールに基づいた具体的方法を考える
　◇挨拶と返事
　◇学習規律
　　・忘れ物をしない
　　・時間を守る

- 授業開始までに，席に着いて準備しておく
  ※教師は教壇で待つ
- 話を静かに聞く
  （口を閉じる，話す人の方を向く，話し手の目を見る　等）
- 発言する時は，挙手する（勝手にしゃべらない）
- 人の発言を尊重する（最後まで聞く）
  （間違っていても笑ったり，からかったりしない）
- 授業中は席を立たない
  （我慢できず，トイレに行く場合は教師の許可を得る）
- 自習は静かにする（朝の学習　等）
- 宿題は必ずする　等

◇席替えの方法
◇プリント類の集め方
◇提出物の出し方
◇集金袋の出し方
　　教材費等の現金は各自で保管し，直接担任に手渡す
　　（担任）・集金日は早めに教室に行く
　　　　　　・一人ひとりの子どもの目前で金額を確かめる
◇病気，けが発生時の対応
◇トイレの指導（使い方，行ってよい時間　等）
◇特別教室への移動の方法
◇話し合いの方法
◇学級のルール　・仲間はずれにしない
　　　　　　　　・係の仕事は責任をもってする
　　　　　　　　・集会では，おしゃべりしない　等
◇忘れ物についての指導
◇子どものトラブル発生時の対応

◇係とその分担方法と，仕事内容
◇給食指導
◇給食当番の方法
◇清掃指導
◇清掃当番の方法
◇日直の仕事の内容と方法
◇終わりの会の内容と進め方
◇整頓調べ・持ち物調べ等の方法（プライバシーに配慮して）
◇学級委員の決め方と仕事内容
◇実行委員の決め方と仕事内容
◇学級通信の内容
　※発行時は，事前に管理職か先輩教師に見ていただく

［学級経営上の留意事項］
① 子ども一人ひとりとしっかりつながる
② 「共に行動」，「根気よく」，「褒める」がキーワード
③ 他のクラス担任との情報交換と連携を密にする
④ 閉鎖的でなく，開放的な学級経営を心がける

3　教室準備

始業式の日から子どもを迎えられるように準備しましょう。
① 教室の清掃，黒板の清掃
② 電灯，採光，換気等の確認
③ くぎ等，子どもが怪我するような箇所はないか点検
　（あればすぐに修理しておく）
④ 机，椅子の準備
　※配置を考えておき，始業式の日に子どもの体に合わせてから分配

する
⑤ テレビ，オルガン，時計，本棚，清掃用具等，備品の確認
⑥ 子どものロッカー，靴箱，荷物掛け等のラベル設置
⑦ 体操服等を掛けるための物掛け等の設置
⑧ チョーク，定規等，教具の搬入（教師用棚などに整理して保管）
⑨ 教師の荷物の整理
⑩ 校時表，時間割表（教室掲示用と個人配布用），カレンダー，班・係の表，給食当番表，清掃当番表，クラス目標等の作成と掲示
　※クラス目標等，子どもたちと相談してから決めるものは後日に
⑪ 氏名用ラベル，画用紙，サインペン，セロハンテープ等，学級で使用する事務用品等の注文

4　始業式に向けて

始業式までに立案し，準備しておきましょう。
① 教師自身の自己紹介（始業式，学級開きの二種類）
　※挨拶の機会はこの他に，同僚職員に（着任時，歓送迎会　等），保護者に（懇談会，ＰＴＡ総会等），地域団体にと，多くある
② 学級目標（子どもと決めてもよい）
③ 出席番号
④ 背の順の決定方法
⑤ 体育の授業の紅白分けの方法
⑥ 机の配当と配置（座席の決定）
⑦ ロッカー，靴箱等の配当
⑧ 班分け　※班長を立てるなら，その決定も
⑨ 係の仕事内容の説明と，分担（子どもと決めても）
⑩ 学級代表（高学年）の仕事内容と担当者
⑪ 朝の会，終わりの会の内容と方法

⑫　給食当番の分担と方法
⑬　清掃当番の分担と方法（事前に清掃担当場所の確認を）
　　※清掃方法の練習を後日実施する
⑭　日直の順番と仕事内容
⑮　子どもが揃えておく物
　　◇鉛筆（削ったもの4～5本）　◇赤鉛筆　◇消しゴム
　　◇下敷き　◇はさみ　◇のり　◇定規（30cm）　◇三角定規
　　◇分度器　◇コンパス　◇セロハンテープ　◇絵の具　◇色鉛筆
　　◇2B～4Bの鉛筆　◇サインペン　◇習字道具
　　◇上靴（記名して）　◇体育館シューズ（記名して）　◇体操服
　　◇給食ナプキン　◇給食エプロン　等
　　◇ノート類（初めは学級で一括購入したもの）
　　※カッターナイフや彫刻刀は家庭に準備しておく
⑯　学級で使用する物（プリントばさみ　等）
⑰　個人用時間割表
　　※時間割作成上の留意点
　　　◇特別教室配当の確認
　　　◇授業時間数の考慮
　　　◇道徳・特別活動等の配置
　　　　月曜日は避ける→休日が多いので
　　　◇テレビ番組の確認
⑱　教科書等の配布
⑲　委員会・クラブ活動の希望調査（4年生以上）

5　書類等の整理

◇提出期限があるものは，期限厳守！
◇重要書類の持ち出しは厳禁！

① 子どもの出席順名簿の作成（始業式当日に確定）
② 子どもの氏名印の整理
③ 教師自身の保護者向け自己紹介のプリント作成
　（学級便りに掲載してもよい）
④ 出席簿（始業式当日に確定）
⑤ 教務必携
⑥ 教科書用図書給与名簿の作成⇒始業式当日に提出
⑦ 環境調査票
⑧ 健康管理カード
⑨ 給食帳簿
⑩ 諸費の口座一覧表の整理
⑪ ＰＴＡ会費帳簿
⑫ 集金袋（必要なら）
⑬ 児童生徒連絡網の作成
⑭ 転出入児童生徒に関する書類の作成
⑮ 指導要録（様式１）※索引の作成も
⑯ 指導要録（様式２）（索引はあったほうがよい）
⑰ 健康診断票・歯の検査票　※索引の作成も
※①～⑤までと⑦⑧は始業式までに準備しておくこと

　４月当初は目が回るほどの忙しさです。でも，決して焦らないことです。たくさんの仕事の中から，重要な，早く処理しなければならない仕事を選び，優先順位をつけて取り組むことです。
　毎日，退勤前に優先順位をつけた明日の仕事のリストを作ってから帰宅しましょう。

第5章
始業式と学級開き

　今日から子どもたちとの1年が始まりです。教師もそうですが，子どもたちは期待と不安で一杯です。「どんな先生だろう？」「どんなクラスだろう？」「どんな友達と一緒かな？」等々。
　「明日からが楽しみだな。」と子どもたちが感じられる出会いにするために，十分な準備をしておきましょう。
◇当日の流れを十分に確かめておきましょう。
　［朝の職員打ち合わせ］→［始業式］→［クラス分け］→［学級指導］
◇始業式が始まるまでの子どもたちの待機場所と，自分の指導担当場所を確認

- (1) **職員打ち合わせ**
  - ① 当日の流れ，提出書類，学級人数報告等，指示事項を確認
  - ② 始業式の場所の確認（晴れたら運動場，雨なら体育館等）
  - ③ 下校時刻の確認
- (2) **始業式**
  - ① 学校長講話
  - ② 新転任教師の紹介→自己紹介では自分らしい工夫を
  - ③ 担任発表（学校長から）
- (3) **クラス分け**
  - ① どこで，どんな方法で行うか，事前に学年担任集団で確認を
  - ② 子どもたちの緊張をほぐせるように，笑顔で
  　※教室に入る時に新しい靴箱を知らせる

(靴の入れ替えは，全校一斉に)

(4) **学級指導・学級開き**
① 座席の決定→机・椅子の配当（背の順）　※事前に準備を
② 名前の確認と子どもとのつながり
（順番に名前を呼んで，握手していく　等）
③ 教師の自己紹介（自分らしい工夫を）
④ 学級経営方針（柱となる事項）の伝達
4月8日の担任の第一声が，その後の方向を決める！
「どんな子に育って欲しいか」を分かりやすく明示すること
（具体的事項は次の日から説明していく）
⑤ ロッカー，靴箱等の配当
※事前にラベル等を貼っておく
⑥ 教科書等を配布し，落丁がないか点検させる
⑦ 当日の配布物と提出書類の確認
学校便り，学年便り，学級便り，環境調査票，健康管理カード　等
⑧ 翌日の連絡（時間割，持ってくる物，宿題，行事……）
※子どもの自己紹介を宿題に（内容を具体的に指示する）
　⇒次の日に実施
※保護者に教科書，ノート，体操服等，持ち物に学級名と氏名の記入を依頼する（学年便り等で）
⑨ 教師の自己紹介プリントの配布（保護者用に）
※学級便りでも可
⑩ 集合写真撮影（デジタルカメラ等で）
担任外の先生に依頼したり，隣の学級の先生と協力して，下校前に桜の花の前等で撮影する
⇒子ども全員の名前を覚えて，翌日は名前を呼んで迎えることができるように

⑪　別れの挨拶

　子どもたちが「このクラスで良かった！」「１年間頑張ろう！」と思えるように今日の感想や思いを伝える。

　その後，在籍人数や給食人数の報告，教科書用図書給与名簿の作成
　※本日欠席の子どもには，必ず連絡を　（できれば，家庭訪問を）
　◇子どもとの出会いの感想をまとめましょう。
　　（今日の感動を大切にするために）
　◇今日のうちに，写真を基に子どもの名前を覚えましょう。

［転入生］
　　子どもも保護者も新しい学校で不安が一杯です。担任の自己紹介等で不安を和らげる等，十分な配慮が必要です。
　◇教材，教具の調整（教科書，ノート，体操服，上靴，給食エプロン　等）
　◇通学路，登校班等の説明（班長に連絡）
　◇校時表，時間割の配布
　◇下足箱の説明
　◇銀行口座等の開設依頼
　◇保護者からの要望の聴取　等
　　※１週間後，保護者に子どもの様子や困っていることはないか等を尋ねる

第6章
始業式翌日から

〈4月が1年を決める〉

　4月は，教科等の学習方法の指導，健康診断や校外学習等の行事，年度当初の事務処理等やるべきことが山積しています。しかし何よりも，学級づくりに最優先で取り組みましょう。これができていないと，学級経営の指導基盤が揺らぎ，1年間不安定な状態が続きます。

　教師の目指す子ども像，学級のルールを根気よく伝えて指導し，みんなが安心で，信頼し合える学級を確立しましょう。時間がかかりますが，絶対手を抜かないこと！

1　方針の明示と指導

① 　学習指導，生活指導の方針を分かりやすく，明確に示す
② 　方法・ルールを詳しく説明し，理解させる
　※何故その方法が必要なのかを納得させることが重要
　　（押し付けでなく，子どもの意見も取り入れる）
③ 　年度当初に，方法が徹底するまで指導する

2　学習面の具体的方策についての指導

(1) 学習規律

　特に重要なのが学習規律の徹底です。教材の進度が気になりますが，学習の基盤となるのが学習規律です。

　次の項を参照して丁寧に指導しましょう。

【第 4 章 新年度の準備　第 2 節 学級経営に関して　2 生活指導計画の立案　(3) 具体的方策の立案　◇学習規律】(P.44)

(2) 教具の準備

次の項を参照して指導しましょう。【第 4 章 新年度の準備　第 2 節 学級経営に関して　4 始業式に向けて】(P.47)

(3) 学習の方法

① 教室での学習の方法，ルールの指導
② 図書，理科，家庭，音楽等，特別教室での学習の方法，ルールの指導
③ 体育学習の方法
　◇集合場所，集合の隊形
　◇準備体操の方法
　◇見学する場合の申し出と学習方法等
④ 朝の学習の方法と内容
　※教科ごとの学習の方法は，授業の中で指導する

(4) ノート指導

授業で学んだことが定着するには繰り返し学習することが必要です。そのためには授業内容等をまとめたノートが欠かせません。ノート活用の指導は学習指導の中で，とても重要なものだと言えます。

ノート指導では，「ノートの必要性」を教えることが大切です。
・ノートは「考える」ために必要
・ノートは「学習したことをまとめる」ために必要
・ノートは「繰り返し学習する」ために必要

① 日付，単元名，教科書のページ等を記入させる
② 目的に応じた書き方を指導する
（A）授業で習ったことを書きとめる
　◇授業の要点を整理して記入する

◇ポイントとなる事項は赤ペンで書いたり，線で囲ったりする
　　◇参考になる友達の考え等を書き留める
　　◇疑問に思ったこと等も書いておき，後で調べ学習をする

[小学校低学年では]
◆子どものノートのマス数に合わせた板書を心掛け，丁寧に書かせる
◆書く時間を十分に確保する
⇒教師の点検指導を必ず行うことでノートの使い方が上達します。

（B）練習して，定着を図る
　　◇算数の問題を解いたり，漢字を繰り返し練習したりする
（C）学習のまとめをする
　　◇授業のまとめや単元のまとめ等，重要事項を記入する
　　◇後で何度も見返すので，丁寧に書く
　　◇線や赤ペンで囲む
③　ワークシートやプリント等との活用を工夫する
　　ワークシート等は教師の点検後，必ずノートに貼付させる
　　※ワークシートやプリントはノートの大きさに合わせておく
④　ノートを活用する習慣を身に付けさせる
　　◇授業で，ノートを見直す活動を取り入れる
　　（例）「学習したことをノートで確かめましょう。」
　　◇教材提示装置等で，ノートを活用する場面を設定する
　　◇授業の終わりに，学習で考えたことや感想等を記入する時間を設ける
　　⇒教師が効率的にノートを点検し，励ましを行うことがノート活用の力を伸ばします。

3　生活面の具体的方策についての指導

　子どもたちにとって居心地の良い学級とは,「ルールやきまりが確立している」ことと,「どの子も尊重され,認め合える」ことが重要な柱になります。子どもたちが安心して過ごせる学級づくりに全力で取り組みましょう。

(1)　基本的生活習慣や学校・学級のルールの指導

　次の項を参照して定着するまで根気よく指導しましょう。

【第4章 新年度の準備　第2節 学級経営に関して　2 生活指導計画の立案　(3)具体的方策の立案】(P.44)

　毎日,必要なものから指導していく

　◇挨拶と返事　◇席替えの方法　◇プリント類の集め方　◇提出物の出し方　◇集金袋の出し方　◇病気,けが発生時の対応　◇特別教室への移動の方法　◇話し合いの方法　◇忘れ物についての指導　◇トイレの指導　◇子どものトラブル発生時の対応　◇学級のルール　◇整頓調べ・持ち物調べ等の方法　等

(2)　当番,係活動等の指導

　次の項を参照して指導しましょう。

【第4章 新年度の準備　第2節 学級経営に関して　2 生活指導計画の立案　(3)具体的方策の立案】(P.44)

　◇当番,係の活動内容と,担当の決め方　◇給食当番　◇清掃当番　◇日直　◇クラスの係　◇委員会活動での係　◇学級委員,実行委員等の活動内容と,担当の決め方

(3)　終わりの会,給食時間等の内容と方法の指導

①　終わりの会の工夫

◇曜日ごとに内容を変える

　　◆1分間スピーチの日　◆嬉しかったことを話す日……

◇「さようなら」を他の言葉に
「ありがとう」「明日もよろしく」「楽しかった」……
◇子ども一人ひとりと握手して別れる　等
② 給食時間の工夫
　◇子どもが順番に「自分の好きな本」の朗読をする
　◇他の学級や学年と給食交流会をする
　◇お世話になっている先生方を招待する
　◇栄養士さんや調理員さんのお話を聞く　等

［教師の工夫］
◇朝は教室で登校してくる子どもを明るく迎える
　→その日の子どもの状態を把握する
◇週に１〜２日は校門で全校生の登校を迎える
　→他の学級，学年の子どもの状態を把握する
◇定期的に通学路で登下校の指導をする
　→子どもや地域の様子を把握する
◇毎日，子どもの下校後，教室の整理・整頓をする
◇週明け，長期休業明けの朝はトイレの点検をする
　→汚れていないか，水は流れるか，ペーパーはあるか　等

4　計画表の作成

　目標の達成には「全体を見る視点」と「細部を見る視点」の両方が必要です。計画表の作成は時間と根気の要る作業ですが，先を見通し，業務全体を把握するために必ず作成しましょう。

(1) 年間計画の作成

　教科指導，学級指導，学校行事，学年行事，校務分掌をまとめた計画表を作成（資料３，P.58-59）

資料3

	教科					学級づくり
	国語	社会	算数	理科		
重点目標	・単元ごとの第一次は漢字, 意味調べ ・毎時間音読を ・読解テスト	・グループ学習の活用 ・DVD等の活用 ・新聞学習(月1時間) ・地理学習(月1時間)	・考える時間と交流の時間 ・個別指導の時間 ・文章題(月2時間)	・動植物の飼育, 栽培 ・自然学習(月1時間) ・DVD等の活用		・基本的生活習慣の研修 ・学習方法の指導 ・係活動の充実 ・他学年, 学級との交流 ・学級会の定例会 ・学年集会
4月	・学習の見通しをもとう ・千年万年 ・続けてみよう ・カレーライス	・縄文の村から古墳の国へ ・新聞学習 ・地理学習	・円の面積の求め方を考えよう ・文字を使って式に表す ・文章題	・ものが燃える時 ・自然学習		・基本的生活習慣の研修 ・家庭学習の定着 ・クラスレクリエーション ・学級会 ・個人懇談
5月	・感情 ・生き物はつながりの中に ・学級討論会をしよう	・天皇中心の国づくり ・新聞学習 ・地理学習	・分数のかけ算を考えよう ・分数の割算を考えよう ・文章題	・植物のつくりとはたらき ・自然学習		・学級会
6月	・ようこそ私達の町へ ・伝えられてきたもの ・狂言柿山伏	・武士の世の中 ・今に伝わる室町文化 ・新聞学習 ・地理学習	・形の特徴を調べよう ・文章題	・ヒトや動物の体のつくりとはたらき ・自然学習		・学級会 ・1年生との交流
7月	・漢字の形と音, 意味 ・河鹿の屏風	・戦国の世から江戸の世に ・新聞学習	・割合の表し方を考えよう ・文章題	・生物どうしのつながり ・自然学習		・学年集会 ・クラスレクリエーション ・個人懇談
8月 9月	・「トンボ」の俳句を比べる ・平和について考える ・平和のとりでを築く	・江戸の文化と新しい学問 ・新聞学習 ・地理学習	・形が同じで大きさが違う図形を調べよう ・速さの表し方を考えよう ・文章題	・水溶液の性質 ・自然学習		・運動会に向けて ・学級会 ・係活動
10月	・熟語の成り立ち ・生活の中の敬語 ・やまなし	・明治の国づくりを進めた人々 ・世界に歩み出した日本	・体積の求め方を考えよう ・およその面積を求めよう ・文章題	・月と太陽 ・自然学習		・運動会 ・修学旅行に向けて
3月	・言葉の楯 ・生きる ・卒業するあなたたちへ	・世界の未来と日本の役割 ・新聞学習	・算数のまとめ ・文章題	・自然とともに生きる		・個人懇談 ・クラスレクリエーション

	行事	学年での担当			分掌			
		社会見学 修学旅行	運動会	児童会祭り	教科部	生徒指導	児童会	いじめ,不登校対策委員会
重点目標					・教材,教具の整備 ・研修会	・校内ルールの作成 ・生指問題の交流 ・研修会の実施	・児童の主体性の育成 ・異学年交流の実施	・いじめ,不登校の防止 ・全体交流会 ・研修会
4月	・入学式 ・着任式 ・始業式 ・離任式 ・健康診断 ・地区児童会	・校外学習下見 ・校外学習実施	・組み立て体操案 ・部分練習		・部会 ・教具配布	・校内ルールの作成 ・パトロール	・児童会 ・部会 ・対面式	・全体交流会 ・部会
5月	・家庭訪問 ・日曜参観 ・避難訓練	・修学旅行案	・部分練習			・全体会議	・児童会 ・異学交流会	・仲良し月間 ・いじめアンケート
6月	・プール開き ・授業参観 ・懇談		・部分練習		・部会 ・教具配布	・全体会議	・児童会 ・部会 ・児童祭り案	・部会
7月	・個人懇談 ・地区児童会 ・終業式 ・水泳集中練習	・修学旅行下見	・案完成 ・全体の練習		・部会 ・教具配布	・全体会議 ・研修会	・児童会 ・部会	・研修会 ・部会
8月 9月	・始業式 ・プールじまい ・身長,体重測定 ・避難訓練 ・運動会	・修学旅行案確定 ・修学旅行実行委員会	・全体の練習 ・運動会	・児童会祭り準備	・研修会	・全体会議	・運動会 ・後期役員選挙	
10月	・創立記念日	・修学旅行に向けた取り組み				・全体会議		・仲良し月間 ・いじめアンケート
3月	・お別れ会 ・地区にお礼 ・卒業式 ・修了式				・反省会 ・次年度計画	・全体会議 ・次年度計画	・前期役員選挙 ・反省会 ・次年度計画	・反省会 ・次年度計画

(2) 月の予定表の作成

年間計画を基に，月末までに次月の予定表を作成する（資料4，P.61）また，「月の予定表」を基に毎週の週案を立案する

5　教材研究と指導案の作成

分かる授業，楽しい授業を創るには，それまでの準備がとても大切です。

子どもたちの活動をイメージしながら，細かい点まで配慮し，万全の準備をしましょう。

(1) 授業の準備

次の項を参照して準備を進めましょう。

【第8章 学習指導　3 教材研究　(1)授業の準備】(P.91)

(2) 指導案の作成

次の項を参照して指導案を作成しましょう。

【第8章 学習指導　3 教材研究　(2)指導案の作成】(P.91)

6　当面の行事の準備

4月は，毎日のように行事が続きます。それらの一つひとつに目的と方法を明確にして取り組むことがその後の学級経営に大きく影響します。丁寧な取り組みが望まれます。

[保健行事]

① 検診，検査の必要性を説明
② 検診，検査の方法とルールの指導
　◇整列する
　◇静かにする
　◇医師や担当者が検診しやすいように
　◇前の人が検診を受ける様子を見て，検診の受け方を覚える

第6章 始業式翌日から

資料4

11月予定表											
日	曜	朝	1	2	中	3	4	昼	5	6	放	宿	行事	備考
1	水		国語 詩	算数 分数		社会 歴史	理科 天気		体育 鉄棒	音楽 歌唱		漢字	職会	懇談予定 調査
2	木		社会	算数		国語	道徳		家庭	家庭				
6	月		理科	国語		図工	図工		社会					
7	火													
8	水													
9	木													
10	金													
13	月													
〜〜〜														
27	月													
28	火													
29	水													
30	木													
31														
備考	・懇談予定の決定　・研究授業案作成													

◇検診の前と後に必ず，軽く会釈をする
　③　前日の連絡，準備
　　◇服装，持ち物（歯ブラシ　等）
　④　終わった後の学習の指示
　　◇読書，本読み等，検診を受ける順番で差が出ないものを
　　　（学習テスト，ドリル等は不適）

［授業参観］
　①　授業内容の決定
　　◇年間を見通して教科を決める
　　◇同じ教科に偏らないように
　　◇特別教室の配当を考慮する
　　◇実施時期を考慮する（真冬に体育は？？）
　　◇子どもたちみんなが参加できる内容に
　　◇実施日までの授業の進度を考える
　②　当日まで
　　◇教材研究を丁寧に行う
　　◇教具等の準備
　　◇保護者の出欠表の準備
　　◇挨拶文の準備（教室出入り口付近に掲示）
　　◇教室内の清掃
　　◇掲示物の貼り替え
　　　◆古くはないか（1ヵ月以上以前のものは？？）
　　　◆全員分揃っているか
　　　　（他所に掲示されている場合はその説明書きを貼付）
　　　◆掲示の仕方を工夫しているか
　　　　（誰の作品もきれいに見えるように）
　　◇子どもの机の中，ロッカー等の整頓

◇廊下の整頓（ぞうきんや体操服が散乱していないか）

※これらは，参観日だけでなく，日頃から心掛けるように！

③　当日

◇教室内の整頓の点検

◇保護者入り口から教室までの清掃

　（前日までに済ませれば当日に余裕が出ます）

◇教材・教具の点検

◇特別教室使用の場合などは，教室入り口などにその旨，掲示をしておく

◇挨拶文の掲示

◇保護者の出欠表の設置

　※毎回新しいものを

　　→色々な事情で参加が少ない保護者が目立たないように

◇服装を整える

◇子どもの状態の把握

［学級懇談会］

　◇事前に懇談の話題と内容を検討しておく

　◇保護者の名札，出欠表を準備

（教師から）

　①　自己紹介…要領よく，手短に，セールスポイントを

　②　目指す子ども像を…こんな子どもに育って欲しい

　③　学年・学級の経営方針を明確に伝える

　　◇生活指導面

　　◇学習指導面

　　　◆各教科では何が重要なのか

　　　◆各教科の指導の方法，パターンの説明

　　　◆教材（ドリル　等）の使い方，テストと採点の方法,

通知表の見方　等
④　現在の子どもの生活面の様子と取り組み
　（指導で力を入れていること　等）
⑤　現在の子どもの学習面の様子と取り組み
　（指導で力を入れていること　等）
⑥　現在指導している単元の要点，指導方法や方針の説明
⑦　保護者からの質問に答える
⑧　年間の行事予定
⑨　一人ひとりについて家での様子を問う
　→その後，学校での様子（良いところ，成長したところ）を話す
⑩　保護者との交流（保護者が興味を抱く内容で）
　◇色々なテーマでの意見交換（小遣いの額，与え方　等）
　◇講話（この年齢の子どもの特徴と接し方　等）
⑪　今後の予定
⑫　家庭への協力依頼
⑬　諸連絡，注意　等

［留意事項］
◇身だしなみに十分注意を
◇「ゆっくり」「ハキハキ」「簡潔に」話す
◇全体を見て，目を合わせて話す
◇保護者の発言は，相づちを打ちながら，しっかり聞く
◇保護者の思いに共感を
◇自分で答えられない質問については，「後日お返事させていただきます。」と答える

（保護者に問う）
⑭　家庭での指導方針は

⑮　子どもに何を求めるか
⑯　学校への要望
　※４月はＰＴＡ委員の選出
　◇最後には，お礼と今後の協力の要請を
　※個人的に話したいことがある人は，残っていただく
　　個人懇談では，④⑤⑦⑨⑫⑯を中心に（良い点を中心に）

[家庭訪問]

　学級担任として，充実した教育活動を進めるためには，自分の教育方針を保護者に十分理解してもらうことが必要です。そして，相互の信頼関係を築くことが大切です。

　家庭訪問も，学校と家庭とが相互理解を深める重要な場であると考えます。また，子どもを理解し，学校での指導の資料収集のために有意義な機会としてください。

(1)　訪問予告の通知

　保護者の希望も考慮に入れ，１週間前までには決定した日時を知らせる

　※特別な事情以外は決められた期間内で実施し，訪問しない家庭をつくらないこと（子どもに寂しい思いをさせない）

(2)　事前の準備

①　前担任等からの引き継ぎと，今の子どもの状況から，子どもの性格，特徴（特に長所），生活面・学習面での様子等をできる限り認識しておく

　※訪問日までに，できるだけ多くの情報を集めることを心掛ける
　　（日々，気付いたことをこまめにメモする）

②　生活環境資料から，家庭環境，家族構成等を把握しておく

③　学校での生活面，学習面での長所，改善すべき点をチェックし，改善すべき点では，その具体的方策を考えておく

④ 一人ひとりの家庭訪問カードを用意し，事前に調べた内容等を記入しておき，実施後，訪問で得た情報を記入できるようにしておくと，その後の指導に有効

(3) 当　日

① 居住地を知る

どこに住んでいるのか，周りはどんな環境か……

通学路で危険な所はないか，近所の友達は誰か……

② 学校での様子を知らせる

自己紹介，学級経営の方針，子どもの特徴や学校生活での様子　等

③ 家庭での子どもの様子を聞く

家族の一員として，家庭の教育方針，家庭での過ごし方

（遊び，勉強，ゲーム，手伝い，近所の友達関係　等）

※会話の中から，家庭の雰囲気を察知する

④ 学校，担任への要望を尋ねる

学級懇談会等では話しにくいこと　等

＜気を付けましょう＞

① 予告した日時は，必ず守る

予告時間に相当遅れそうになった場合は，相手先に必ず連絡を入れる

※携帯電話を持っている先生は，必ず持って訪問をする

（事前に教頭先生に，訪問予定表と携帯番号を届けておく）

② 訪問の時間は，どの家庭も長短なく

※夕食時は避ける

③ 訪問マナーに気を付ける

清潔な服装，挨拶，言葉遣い……

④ 他の子，他の家庭と比較しない

⑤ 人権に気を付けて話をする

※他の子どもの個人情報は厳禁
⑥　保護者の思いを十分に聴く（一方通行な話し方をしない）
　　◇指導者意識は捨てて　◇誠意をもって　◇悩みに共感する
⑦　子ども中心の話し合いをする
⑧　子どもの欠点や弱点を責めない
　（「指導に手が掛かる」等の印象を与えないように）
学校，学級で実施している対策を示し，家庭での方策を例示し，指導を依頼して協力を得る
⑨　校内のことについて放言しない
　（同僚の悪口等，厳に慎むこと）
⑩　謙虚な態度で，子どもと共に学ぶ姿勢を示す
⑪　保護者の面前でメモを取らない（メモは玄関を出てから）
⑫　生活環境資料等の「個人情報」の持ち出しは厳禁！

[集団行動の基本]
（ポイント）
①　子どもと一緒に具体的場面を考えて，ルールを決める
　（上手な○○○をするためには……）
②　その場を想像した練習を繰り返す
③　実施後は必ず反省会をもつ
　→次に生かすことが大切

(1)　集合・整列
①　速く（遅れずに）
②　しゃべらずに
③　真っすぐに
(2)　人数確認（学年に応じた方法を）
①　バディ（二人組）で

② 先頭の者から番号を言う
※番号を言う時は，後ろの人に番号が聞こえるように，右後方を向いて
③ 班毎に（班長が教師に報告―「○班，○名揃いました。」）

(3) 移　動
① 並んで（1列または2列）
② 前と間を空けず（前の人とは2m以内）
③ 広がらず（道の片方に寄って）
※他の通行人に迷惑をかけない

(4) 乗り物（公共機関）
① 乗り降りは，順番に，素早く
② 他の人の乗降の邪魔にならない場所に
（待つ時は，降り口を広く空けて）
③ 席が空いていたら，座る
（席の取り合いをしない）
※お年寄りや体の不自由な人等には必ず席を譲る
④ 大きな声で話をしない
⑤ 車内を移動したり，遊んだりしない
⑥ 降りる時は，荷物の確認と，友達への声かけを

(5) 乗り物（貸切り）
① 奥席の者から素早く乗車する
※時間のない時は，まず，乗ってしまう
その後は，自分の席へ移動する
② 立ち歩かない，騒がない
（運転士の気が散らないように）
③ 決められたルールを守る
④ 話は，静かに聞く

⑤　降りる時は，荷物の確認
⑥　（バス）降りる時に運転士さん等にお礼を言う
(6)　**見　学**
①　決められた行動隊形で（クラスで並んで，二人組で，班で……）
※班行動やグループ活動は，低学年には難しいので適さない
②　大きな声で話さない
③　ルールを守る（展示物に触らない等……）
④　話は，静かに聞く
⑤　走り回らない
⑥　出る時は，荷物の確認をして，施設の人にお礼を言う
(7)　**観劇等**
①　大きな声で話さない
②　静かに話を聞く
③　トイレ以外，席を立たない
④　出る時は，荷物の確認をして，施設の人にお礼を言う
(8)　**グループ活動**
①　みんなの意見を聞く
②　命令したり，いばったりしない
③　仲間はずれをしない
④　お互い，教え合い，助け合う
⑤　勝手なことをしない
⑥　他のグループの活動の邪魔をしない

［校外学習の留意点］
(1)　**計画立案**
①目的…この行事でどのような力を育てるのかを明確に　②目的地
③実施日（予備日も）　④下見実施日　⑤交通機関　⑥費用
(2)　**下　見**

◇見学場所　◇昼食場所（雨天時の場合も）◇危険箇所のチェック
◇トイレの位置と数　◇入館，入園の予約
◇必要経費の確認　◇交通機関申込（延期の場合も）

(3)　引率者（付添）の依頼・確認
(4)　計画の確定
　　※トイレ時間の確保を
(5)　事前指導

指導…◇ねらい　◇見学地　◇日時　◇日程　◇経路　◇交通機関
　　　　◇服装　◇持ち物（エチケット袋，酔い止め薬等）◇注意事項
　　　　　（乗り物の中，見学地，昼食時の友達関係，集合・解散　等）
学習…◇見学地について
話し合い…◇目的　◇班編成　◇係活動　◇座席　◇見学コース　等

(6)　校外学習届の作成・提出
教育委員会には，1週間前までに
※泊を伴う場合は，3週間前までに2部
(7)　しおりの作成
(8)　引率教師との打ち合わせ
◇日程　◇教師の役割分担　◇配慮を要する子どもについて　等
(9)　実施
①　子どもの当面指導
◇話し合ったことが守られているか
◇困っている子どもはいないか
　　（昼食時の弁当や箸忘れ，一人ぼっちの子はいないか　等）
◇新たに生じた課題の解決に協力して取り組んでいるか　等
②　担当の役割遂行
　　※道路の横断時等の教師の立ち位置，昼食時等の不審者への備え
　　　等

(10) **教師の評価**

① 行事の評価

◇何ができて，何ができなかったか

◇子どもたちはどう変わったか

◇指導計画・方法は適切であったか

◇次の活動にどう生かすか　等

② 校外学習実施報告書の作成・提出

(11) **事後指導**

◇良かった点，改善すべき点等の話し合い

◇見学のまとめ（作文，新聞作成，絵画　等）

第7章
生活指導

　子どもたちは1日の約3分の1以上の時間を学校で過ごします。学習をしたり，友達と遊んだり，時には喧嘩もしながら，大人になるための準備をするのです。
　気持ちの良い集団生活を送る上で，望ましい態度や習慣を身に付けさせることはとても重要です。なぜそのような行動が大切なのかを十分に理解させ，自主的に行動できるように，丁寧に指導しましょう。

　　◇確立のために　→　① 十分理解させて
　　　　　　　　　　　② 一人ひとりに応じた丁寧な指導
　　　　　　　　　　　③ 定着するまで根気よく
　　　　　　　　　　　④ こまめにチェックを
　　　　　　　　　　　⑤ できたら褒める

第1節　子どもの発達段階の理解

　それぞれの学年の大よその特徴を理解しておくことが大切です。そうすれば余裕を持って子どもに対することができます。
　しかし，発達には個人差があります。決して固定的に捉えないように。

1　小学校低学年

（認知面）
　◇具体的なことしか理解できない（抽象的なことはイメージできない）

◇自分は今,何をしなければならないのか等,自己を客観的に捉える力が弱い

(情緒面)
◇経験が少ないので,想定外の出来事にはパニックを起こす

<1年生>
◇入学当初は自己中心的で,感情的,衝動的な言動が目立つが,自分の思い通りにいかない経験を重ねることで,次第に自己中心性が薄れていく

◇教師と子ども個々との関係が中心で,学年後半になって2〜3人グループでの活動が可能になる

◇友達関係は席が近い,家が近所等の物理的理由や,好き嫌い等の心理的理由によって成立するが,十分相手を理解した関係ではないので,衝突や分裂が頻繁に起きる

◇入学当初は45分間集中して授業を受けるのは困難な状態なので,興味を引くことで導入し,45分をいくつかの内容に分けて指導する等の工夫が必要となる

入学して子どもたちが戸惑うのは,「集団での行動が基本となる」「時刻ごとのスケジュールに則って行動する」「学習の時間が増える」等,今までの生活と大きく異なることです。

担任は「子どもたちはそれぞれ発達や学習の状況が異なり,同じ状態で入学してくるのではない」ことを十分に認識する必要があります。また,これから何年間も続く「学校生活」の基礎を築く重要な学年であることもしっかり自覚して指導に当たりましょう。

発達段階と現状を理解し,余裕を持って子どもたちに接することが大切です。

<2年生>
◇中心となる子どもが現れ,グループ集団は結びつきが強くなってく

る
◇役割分担して活動できるようになり，きまりの大切さを認識するようになる
◇周りの大人や子どもと交流する中で，他の子どもにも自分と同じ「思い」があり，その子だけの内面世界があること等，相手の「こころ」の世界を理解するようになる
◇まだ自分の能力を自覚できていないので，他の子ができることは自分も頑張ればできると前向きに考える

2　小学校中学年

人間の成長の過程で，「質的変化」が起こる時期で，種々の能力が発達する時期であるが，反面，それにつまずく子どもも多い
　⇒「9歳・10歳の壁」

（認知面）
　◇具体的操作期から抽象的操作期に入り，具体的な数や量の背景に法則性があることにも気付くようになる等，目に見えない世界の概念をもつことができるようになる
　◇物事を論理的に考えることができるようになる

（情緒面）
　◇友達のことや他の人のことについて，自分のことのように考えることができるようになり，他の人の気持ちが分かるようになる
　◇自己主張が強くなる

＜3年生＞
　◇いつも行動を共にする仲間ができてきて，友達関係が固定化し，密接になる
　◇徒党時代（ギャング・エイジ）と呼ばれ，リーダーを中心に自分たちのルールを設定し，子どもだけの自立的な集団を組織して，行動

するようになる
- ◆集団内の結束は固く,「秘密の合言葉」や「基地」を作り,大人の目を盗んで冒険や探検に挑戦する
 （時には反社会的な行動を起こすこともある）
- ◆仲間集団と他の仲間集団との区別が明確になり,しばしば集団同士の対立が生じるようになる

◇仲間だけで楽しく学級生活を送ろうとする小集団による活動が目立つようになり,学級全体としてのまとまりが育ちにくい
◇男女の違いの意識の高まりで,異性間のトラブルも頻繁に起こる

＜ギャング・エイジの大切さ＞

遊び集団を通して,人との付き合い方を身に付ける大変重要な場と考えられます。

① 自分たちだけのルールとマナーを作りだす
② ルールやマナーを守ることを学ぶ（守れないものは仲間に入れない）
③ 色々なトラブルを処理する知恵を身に付ける
　→大人に頼らず,自分たちの力で物事を解決していく方法を体得する

徒党を組むことで,教師や他の友達の出方を試すような逸脱行動を起こすことがありますが,教師は発達段階の一過程と捉え,余裕をもって対応することが大切です。教師の一貫性のない指導は行動を助長させる原因となりますので,十分に注意しましょう。

＜4年生＞
◇少しずつ小集団がまとまり始めるようになる
◇リーダー的な子どもを中心に計画的な活動ができるようになる
◇活動が学級だけでなく,学校全体に広げられるようになってくる

3　小学校高学年

(認知面)
　◇抽象的思考能力が発達し，記憶力や論理的思考力も向上する

(情緒面)
　◇自立心が芽生え，納得できないと反抗的な態度を取るようになる
　◇親も「他者」として見るようになり，自分とはかけ離れた存在であると認識するようになる
　◇内面世界に関心を持ち始める時期で，情緒的に不安定になることがある
　◇自分がよく分からない等，自己評価や自己受容がうまくできず，気持ちや行動もうまく言語化できない

(友達関係)
　◇友人と比較して自己評価し，自己の能力を自覚し始める
　　→自己肯定感の低下につながる
　◇大人の影響が薄れてきて，仲間集団からの評価で自分を判断するようになる
　　→友達から認められたいという欲求が増してくる
　◇気の合う友達とそうでない子との付き合い方が違ってくる
　　→小グループ化が進み，他のグループの批判をするようになる
　◇同調性が強く働き，友達の反応を気にする
　　→一緒に悪いことをする等，不適切な行動をとることで結束を固める
　　※「みんなやっている」
　　　善悪の物差しが，親や教師のものより仲間集団のものになってきて，「みんなもやっている」ことが正当化され，自分も許容されるはずだと考える

◇不安から，いつでも一緒に同じように行動する傾向が強まる

◇自他の違いが分かるようになり，自分より劣っている者を下位に置くことで，優位性を保とうとする

　→いじめの芽にならないように注視が必要

◇第二次性徴で，性を意識し，男女間の溝を深めていく

＜性的発達に関して＞

◇体つきや顔，目，鼻，口等の形の変化，他の子との比較からくる不安や劣等感等，それをどう受け入れたらよいのかに悩む

◇性への関心と，性衝動対処への不安が生じてくる

　⇒高学年から中学生にかけ，友人との交流，親や教師の理解の中で，「自分だけではない」ことに気付き，「負」の部分も自己受容し，開き直っていくようになる

＜5年生＞

◇学級の仲間意識が芽生え，学級としてのまとまった活動ができるようになる

◇集団の所属意識や役割意識を自覚するようになる

◇友達の長所や短所を客観的に捉えられるようになるが，独断的な価値観に固執する傾向も強くなる

＜6年生＞

◇学校全体の行事に役割と責任を自覚して取り組めるようになる

4　中学生

思春期…児童期と成人期との間の14, 5～24, 5歳を「青年期」と呼び，青年期の前半が「思春期」と呼ばれる（大人でもない，子どもでもない不安定な時期）

(情緒面)

◇人それぞれに独自の内面の世界があることを認識するようになる

◇絶対的に信頼していた親等の大人の価値基準から，理想像に照らして現実の親や教師等，大人を見るようになる
⇒「大人は，正しい人であるべき」で，親や教師がそれに値するかを判断し，ギャップを感じた時，そのような人物が自分に指示することは認められないことと，反抗的な態度を取る（時には非行や犯罪を犯すことも）
※青年期中期以降は，親を「一人の人間」として見られるようになる
→親もまた，自分と同じく欠点や弱点と長所を持ちながら生きている人間であることが理解できるようになる（親子関係の再構成に向かう）

（友達関係）
◇自分の考えや価値観，能力，技能等を友達と比較し，順位を決める
→仲間の目が自己評価を支配する
◇仲間集団ではそれぞれの役割を自発的，あるいは強制的に演じることが求められる（リーダー，追随するもの，傍観者，道化役……）

第2節
年度当初に立案した生活上の具体的方策の徹底

年度初めに立案した生活面のきまりを定着させましょう。
（参照）【第4章 新年度の準備　第2節 学級経営に関して　2 生活指導計画の立案　(3)具体的方策の立案】（P.44）
　　◇挨拶と返事　◇学習規律　◇席替えの方法　◇プリント類の集め方　◇提出物の出し方　◇集金袋の出し方　◇病気，けが発生時の対応　◇特別教室への移動の方法　◇給食指導　◇忘れ物についての指導　◇話し合いの方法　◇子どものトラブル発生時の対応　◇学級のルール　◇整頓調べ・持ち物調べ等の方法　等

第3節　生活面の基本事項の指導

生活面で基本となるルールやきまりを身に付けさせましょう。
いくつかの項目と，その指導例を挙げてみます。

1　整理・整頓・後片付け

[大切な理由]　◇次に使う時のためにする
　　　　　　　　◆整理されていると，準備に時間がかからない
　　　　　　　　◆効率よく作業，仕事ができる
　　　　　　　◇他の人が使う時のためにする
　　　　　　　　◆探さなくて済む
　　　　　　　◇大人への自立の準備
　　　　　　　　◆自分で使ったものは自分で片づける習慣を身に付ける

[指導]
◇「決めたこと」を守ることから指導する（家庭へ協力を依頼する）
①　初めは子どもと一緒に大人が整理の仕方を教える
　◇引き出しや箱に，入れる物の名前を貼っておく
　◇ランドセルや帽子，名札，ハンカチ，ティッシュペーパー等は，置く場所を決めておく
②　「上の引き出し」等，場所を決めて整頓の練習をさせる
③　使用した物は，元に戻す習慣を付ける
④　片付け方法を指導する
⑤　「片付けなさい。」ではなく，何をどうするか具体的方法を教える（「脱いだ靴は揃える。」等）
　◇できたことは必ず褒める

※整頓が苦手な子
　→◇待てずに，代わりにやってしまう
　　◇定着するまで，継続した指導ができていない
　　◇具体的な片付け方法を教えたことがない
　　　等，親の指導に課題がある場合が多い

2　忘れ物をしない

[大切な理由]　◇忘れることは，約束を破ること
　　　　　　　◇自分が困る
　　　　　　　　◆作業や活動ができないので，次に進めない
　　　　　　　◇他の人に迷惑がかかる

[指導]
◇忘れ物をしないための方法を身に付けさせる
①　メモをきちんと取る（連絡帳をきちんと書く）
②　自分で準備できない物は，帰宅後，すぐに家族に頼む
　※教師は，準備に時間が必要な物は前もって連絡しておく
③　寝るまでに，メモに○を付けながら準備する
④　いつも持っていく物は，一覧表にして机に貼っておき，それを見て準備する
⑤　朝，もう一度確かめる

3　時間を守る

[大切な理由]
◇社会（集団生活）は，「時間を守ること」で成り立っている
　→時間を守ることは，集団生活の大切なルールの一つ

[指導]
◇「時間が守られなかったら」の例を挙げ，時間を守ることの大切さ

を確認させる
◆バスが時間どおりに来なかったら……
◆テレビが時間どおりに番組を放送しなかったら……
◆学校でみんなが時間を守らなかったら……
◆お母さんと約束した時間に家に帰らなかったら……　等

4　物を大切にする

［大切な理由］　◇物を壊すと他の人に迷惑をかける
　　　　　　　　◇物を壊すことは，命や人権を軽んずることにつながる（ルールが守られない状況が生まれ，生命さえも危険な状態を招くことになる）
　　　　　　　　◇ゴミを増やすことは環境問題に，食べ物を粗末にすることは食料問題につながる

［指導］
◇「物を壊すこと」は許されない行為として，厳しく対応する
①　なぜいけないことなのかを理解させる
②　謝罪させる，修理させる，弁償させる
③　今後の望ましい行動を考えさせる

5　挨拶・返事をする

［大切な理由］　◇挨拶や返事は，人と仲良くなるための言葉
　　　　　　　　　→生活の中で最も大切な行為
［指導］
◇挨拶の気持ち良さ，大切さを感じさせる指導を日常的に行う
◇挨拶の授業を行う
①　挨拶の言葉を考える
　　お早う，今日は，行ってきます，気を付けて行ってらっしゃい，

さようなら，ありがとう，こんばんは，いらっしゃい，お休みなさい，ごめんなさい，すみません，いただきます，ごちそうさま，おじゃまします，ただいま，御苦労さま，失礼します，お大事に……

　　※会釈，返事も取り上げる
　◆返事とは「相手の問いかけに答える挨拶の一つ」で，とても大切なもの
② それぞれの挨拶の気持ちを考える
　◆お客様に挨拶→客は初めての所では不安になるはずだから，それを解消してあげる
　◆お礼の言葉→自分のために時間を使い，活動してくれたことへの感謝の気持ちを表す（感謝されれば「またしよう。」と思える）
③ それぞれの挨拶をされた時の気持ちを考える
④ それぞれの挨拶にどのように応えたらよいか考える
⑤ 今日，朝から誰とどんな挨拶を交わしたか考える
⑥ 色々な場面でのふさわしい挨拶を考える
⑦ それぞれの挨拶の練習をする
⑧ 誰にでも礼儀正しく対応できる人になれるよう努力しよう
◇根気よく指導を続ける
◇児童会・生徒会を中心に，挨拶運動に取り組む
◇教職員が率先垂範を心掛ける

6　規則正しい生活

[大切な理由]　◇1日の生活にリズムを与える
　　　　　　　◇健康の維持に大変重要である
　　　　　　　　◆早寝，早起きを　◆十分な睡眠を　◆必ず朝食を
　　　　　　　　◆必ずトイレに　　◆歯磨き，洗顔を

◆持ち物の確認を　◆集合時刻に遅れない　等

[指導]
◇チェックカードで定期的にチェックする
　※保護者との連携が重要

7　健康・安全に気を付ける

[大切な理由]　◇命を大切にするために欠かせない
　　　　　　　◇自分のことは自分で守れるようになる

[指導]　自分の健康・命を守る能力を育てる
◇手洗いうがい等，日常の健康管理の方法を指導する
◇災害につながる行動を考えさせる
　「こんなことをしたら，どうなるかな？」
◇基本的なルールを指導する
　◆不審者には
　　→・知らない人には近づかない（２ｍ以上，間をあける）
　　　・知らない人にはついて行かない
　　　・人通りの少ない所へは行かない　等
　◆外出時には
　　→・危険な所に行かない
　　　・交通ルールを守る
　　　・「誰と，どこへ，いつまで，何をしに」を家人に告げる　等
　◆学校でのルールを考える
　　→・廊下を走らない
　　　・廊下は右側を歩く　等
◇いざという時の対応を身に付けさせる
　「火事が発生したら」「地震が起きたら」「台風が接近したら」
◇応急処置の方法について学ばせる

◇避難訓練を実施→おさない，はしらない，しゃべらない，もどらない

8　役割・責任を果たす

[大切な理由]
◇社会（集団生活）は協力や助け合いで成り立っている
◇人の役に立つことは大人への準備として大切なこと

[指導]
◇役割・責任を果たすことの大切さを自覚させる
① 自分の「役割」「責任」を考える
　　◆学校で→給食当番，掃除当番，日直，委員会活動……
　　◆家で→食事の準備や後片付け，洗濯物の整理，お風呂掃除……
② 役割や責任を果たさなかったらどうなるかを考える
　給食当番が，掃除当番が……
③ 「今日は役に立つことがどれだけできたか」，「良いことがどれだけできたか」，「いけないことはしなかったか」等を顧みる機会を設ける
④ 役割を果たさなかった場合には，きちんと指導し，反省させる
◇気持ちよく生活するためには，役割や責任以上に人のためになる行為が大切なことを考えさせる（気が付いたらゴミを拾う　等）
◇できたことは，必ず褒める

9　友達と仲良くする

[大切な理由]　◇安心して生活するには，仲良くすることが必要
　　　　　　　◇色々なトラブルを解決する力を身に付ける

[指導]
◇色々な機会を通じて，それぞれの人権を大切にする意識を育てる

◆みんなの人権を守るためには
　→・人の気持ちを考える
　　・お互いに少しずつ譲り合う
◇コミュニケーション能力を養う機会を設ける
◇ソーシャルスキルを養う機会を設ける
◇仲間作りの充実
　※集団に入れない子の指導
　　◆違う集団になら入れる→集団を変える
　　◆どの集団にも入れない→親や教師が相手になって体験を増やし，自信を持たせて集団に帰してやる
　※女子のグループ化
　　◆仲良しグループの存在は否定しない（グループに属すことで安心感が）
　　◆自己成長のためのグループでないと価値がないことを教える
　　◆グループに入りたい人を排除しないで受け入れることを指導する
　　◆学級の取り組みには積極的に協力することを指導する

10　協力・助け合い

[大切な理由]
◇社会（集団生活）は協力や助け合いで成り立っている
◇一人ではできないことも，力を合わせればできる

[指導]
◇自主的に，協力しようとする姿勢を育てる
① 助けてもらったり，協力してもらった経験を挙げる
② その時の気持ちを思い出す
③ 誰かを助けてあげたり，協力してあげた経験を挙げる

④ その時の相手の気持ちを考える
⑤ 自分にできる協力，手助けを考える
　　◆学校で……　◆家庭で……
⑥ 自分で決めた「協力」「手助け」を実行する
○子どもたちの望ましい行動は，小さなことでも必ず褒める
○協力しての成功体験を積み重ねる
　　運動会・体育祭，音楽会，校外学習……
　　※「自分の仕事が終わっても，他の人が終了していなかったら手助けするのが当然」の意識を育てる

11　約束・きまりを守る

[大切な理由]
◇みんなが約束やきまりを守ると，安心して生活できる
◇社会（集団生活）は「約束・きまりを守る」ことで成り立っている
[指導]
◇「約束・きまりが守られなかったら」の例を挙げ，約束やきまりを守ることの大切さを自覚させる
　　◆みんなが交通ルールを守らなかったら……
　　◆友達が待ち合わせの時間を守らなかったら……　等
◇年度当初は特に，「小さなルール破り」を許さないこと
　　※宿題忘れへの対応
　　　「宿題」は，① 学力を身に付ける
　　　　　　　　② 家庭学習の習慣を身に付ける
　　　　　　　　③ 「約束を守る」ことを覚える
　　ために大切なもので，「子どもの仕事の一部で，大人への準備としてとても大切なもの」であることを理解させる
　　　　⇒忘れた理由によっては，放課後の居残りとする

12　迷惑な行動を慎む

[**大切な理由**]　◇迷惑な行動は，相手に嫌な思いをさせる
　　　　　　　　◇迷惑な行動は，争いの原因になる

[**指導**]
◇集団生活をする上で，他の人に嫌な思いをさせないように気を付けることを自覚させる
　①　学校で，迷惑な思いをした経験を挙げる
　②　町で，迷惑な思いをした経験を挙げる
　③　それらの中で，自分もしたことがあるものはないか，考える
　④　そのことが，迷惑をかけていると気付かなかったのはなぜか，考える
　　　◇「自分さえよければ」の意識の変革を
　　　　◆みんなが，「その行為」をしたら，どうなるか
　　　　◆自分はその行為が許される『特別な人間』なのか
　　　　◆周りにどんな影響を与えるか考えたか
　⑤　今後，どのように行動したら良いか考える

13　話を聞く

[**大切な理由**]　◇聞くことで，内容が理解できる
　　　　　　　　◇新しい知識が得られる
　　　　　　　　◇相手の気持ちが分かる
　　　　　　　　◇自分の考えと比べることができる

[**指導**]
◇聞く態度を身に付けさせる
◇「聞くことは大切である」ことを，理解させる
◇聞き方を指導する

- ◆体の向き（話す人に向ける），目（話す人を見る），耳（しっかり聞く），口（閉じて静かにする），頭（考える），首（頷く，傾げる），手（机の上に置いて指を組む）
- ◆静かに最後まで聞く
- ◆文句を言わない

◇聞かない時は
- ◆全員が注目するまで，話を中断して待つ
- ◆「聞いていないから，お話はストップだよ。」と厳しく対処する

◇教師が日常的に手本を示す
- ◆普段から子どもの話をきちんと聞く

14　集中力・根気

[大切な理由]
◇学習だけでなく，何ごとも，根気がないと目標を達成できない

[指導]
◇時間を決めて取り組ませる
　「○分間頑張ろう。」→徐々に時間を延ばしていく
◇課題を決めて取り組ませる
　「○ができるまで頑張ろう。」
◇根気が必要な作業に取り組ませる
　※図画工作や家庭科での作品作り等，興味をもって取り組み，達成感が得られる作業に取り組ませる

15　自主性

[大切な理由]
◇自立（自分のことが自分でできるようになる）に欠かせない

[指導]

◇目標をもたせ,達成感を味わわせる
　※手の届く目標で,達成できたら必ず褒める
◇役割や仕事を与える
　※できたら必ず褒める

　これらの指導は家庭との協力が不可欠です。丁寧に説明し,協力をお願いしましょう。

第8章
学習指導

　「子どもたちが求める先生」という質問で，いつも上位に挙げられる答えが「分かるように教えてくれる先生」です。分かる喜び，学ぶ楽しみを与えてくれる先生が子どもたちは大好きです。
　子どもたちや保護者から信頼される教師となるために，学習指導の力をしっかり身に付けることが欠かせません。

1　指導者として

　「授業は子どもたちと創る」という気持ちが大切です。子どもたちの状況を考慮しながら授業を進めましょう。
　そのためには，
　◇子どもの立場に立つ
　　「目の前の子どもたちなら，どのように考えるだろうか？」
　　⇒「どのように指導すれば子どもたちは理解しやすいのか？」
　◇「現在の状態」を認める
　　「何故そのように考えるのか？」
　　⇒「どのような手立てを用いれば正しく理解させられるのか？」
　この2点を分析し，対策を立てながら「学習指導」を進めることが重要です。
　また，授業が成立するためには，「子どもとの信頼関係」が欠かせません。日頃から子どもとの信頼関係を築くための努力を惜しまないことが基本です。

2　学習指導のポイント

学習指導のポイントとなるのは，次の３点です。
① 　ルールが確立され，お互いが認め合える学級集団づくり
　◇答えが間違っても非難されない
　◇友達の頑張りを認めることができる
② 　丁寧な教材研究
③ 　子どもの立場に立った授業の展開

3　教材研究

(1) 授業の準備

指導の明確な目標を設定するとともに，指導に当たっての子どもの実態を把握することが必要です。
① 　目標の設定
　◇その学習に必要な指導目標を洗い出す
　◇その中から必要なものを精選する
　　「その単元，授業で何を学ばせ，何を身に付けさせるのか」を明確にする
② 　子どもの実態の把握
　◇その授業に必要な先行経験は揃っているか（診断的評価等を活用する）
　◇子どもの状態はどうであるか

(2) 指導案の作成

① 　教科書を熟読し，指導書等も参考にして指導のポイントを洗い出す
　◇その授業で何を身に付けさせるのか
② 　①に関連した前学年までの基本的事項，子どもが興味をもちそう

な事項，発展的指導事項を追加する
③　①，②を指導する順番に組み立てる
④　学級経営との関わりを考慮する（どの子も活躍できる授業にする等）
⑤　それぞれの指導場面での学習形態（一斉指導，少人数指導，習熟度別指導，グループ指導，個別指導　等）を考える
⑥　③の最後にまとめ（①の事項）を追加する
⑦　③のそれぞれの事項・部分について，指導時をシミュレーションし，各時間の指導細案を作成する（資料5，P.113）
※　1時間ごとの目標を明確に

4　授業の展開

教科や内容に応じて，それぞれの授業の流れを確立することが大切です。そのための重要な要素を挙げてみます。
　◇単元のねらい，各時間のねらいを明確にする
　◇「一人で考える場」「グループで交流する場」「考えを発表する場」の三要素を組み入れる
　◇低学年では，各活動を短時間にし，見る，聞く，話す，考える等，活動に変化を与える集中力を考慮し，10～15分の活動ユニットを3～4個組み合わせる）
次の点にも十分配慮しましょう。
　◇作業の場合は，全員が完了するだけの時間を確保する（課題が終わった子には，前もって別の課題を準備しておく）
　◇使用する用具は，教師が予備を準備しておく

各教科の授業の展開例は後述します。（P.100）

5 授業に向けて

(1) 学習規律の定着

学習規律は学習活動全ての基本となるもので，定着するまで根気よく指導することが重要です。

定着のためには，次のような手立てが必要です。

- ◇基本的な授業態度，ルールを定着するまで根気よく指導する（授業の準備，チャイムまでに着席，発言は挙手して……）
  ※授業開始のチャイムは教師も教室で聞く
- ◇授業の中でのルールを子どもたちにも決めさせ，守らせる
- ◇必要に応じて，授業の前に学習上のルールを再確認させる
  ※朝の読書活動に取り組むことも効果があります。
  　読書によって落ち着いた雰囲気で授業に入ることができます。

(2) 聞く力の育成

聞く力はどのような場面でも必要とされるものです。学習の基盤となる「聞く力」の育成に全力で取り組みましょう。

※その力を育成するためには，話し手と聞き手の良い人間関係を成立させることが不可欠です。日頃から，子どもたちとの交流に努めましょう。

［手立て］

① 「聞くことは大切である」ことを，理解させる
  - ◇聞くことで内容が理解できる
  - ◇聞くことで新しい知識が得られる
  - ◇聞くことで相手の気持ちや考えが分かる　等
    →では聞かないとどうなる？

② 聞き方を指導する
  - ◇体の向き（話す人に向ける），目（話す人を見る），耳（しっかり

聞く)，口（閉じて静かにする），頭（考える），首（頷く，傾げる），手（机の上に置いて指を組む）
　◇静かに最後まで聞く
　◇文句を言わない
　　※学年の特徴を踏まえた指導が必要
　　　低学年…◇聞きたいことしか聞かない
　　　　　　　◇長時間は集中できない
　　　高学年…◇長時間，興味のない内容の話でも聞ける
　　　　　　　⇒低学年からの積み上げが重要
③　読み聞かせを取り入れる
興味をもつ話を読み，聞くことが楽しいことにつながる経験を積ませる
④　話す側の気持ちを考えた聞き方を教える
(例) カウンセリングゲーム
⑤　聞かない時は
◇全員が注目するまで，話を中断して待つ
◇「聞いていないから，お話はストップだよ！」と厳しく対処する
⑥　聞いていないと困る状況を作る
発言を繰り返さない，聞き直しをさせない
　　→内容について質問する　等
　教師が普段から子どもの話をきちんと聞き，聞き方の手本を示すことが大切です。

＜教師の工夫＞
　①　聞き手の子どもに分かるレベルの言葉で話す
　②　子どもの実態に応じた適切な時間と，話の量を考慮する
　　※色々な場面での指示は一つか二つ
　　　→多く話すのは，教師の自己満足にしかならない

③　話し方を工夫する
　　◇何気ない話でも，聞きたくなるような切り口で
　　◇緩急，強弱，声の大小，間を効果的に
④　毎日の１限目は教師の講話か読み聞かせで始める等，「聞く」活動で１日が始まる習慣を作る

6　授業の要素

(1)　ねらい（目標）の明確化
◇子どもに分かりやすい目標を提示する
　◆何ができれば目標を達成したことになるのか，分かりやすく確認させる
　◆子どもが相互評価できる目安を明確にする

(2)　導　入
◇子どもの興味・関心・意欲を高める導入を工夫する
　（例）身近な例題，興味を引く教材，聞きたくなる話し方……
　　　　→導入で，授業の成否が決まることも

(3)　説　明
◇モデルを示す等，分かりやすく，簡潔で短い説明を心掛ける
◇物を配布する場合は，事前に使い方等を説明してから配布する
　（危険なものを配布する場合には，危険性を具体的に説明する）
◇個人差が出そうな作業では，いつでも説明できるように，ポイントを板書しておく
◇説明後には，必ず質問の時間を取る

(4)　発　問
◇子どもたちが発言しやすい雰囲気を作る
◇発問が多くなり過ぎないように発問を精選する
◇短く，ねらいが明確な発問を心掛ける

◇補助発問を活用して，考えを深めていく

「～とはどういう意味かな？」「なぜ～と考えたのかな？」

◇求める返答が出ない場合は，必要以上に引きずらず，教師が解説する

◇前時の振り返りは，子どもの発表を整理して行う

(5) **発言の取り上げ方**

◇発問の後，全体を見渡してから指名する

◇特定の子どもに指名が偏らないように注意し，できる限り全員に発表の体験をさせる

◇発言内容を分かりやすく解説し，補足，明確化し，全体に返す

◇机間指導で，個々の考えを把握し，適切な意見をもっている子どもを指名し，全体に返す

◇ふざけた発言や否定的な反応は取り合わない

◇発言には必ず，肯定的な評価の言葉を添える

(6) **机間指導**

◇一人ひとりの理解度を確かめる

（子どもの理解度は教師の指導力のバロメーターになる）

◇課題解決や思考を深めるヒントを与える

◇必ず評価や励ましの言葉を与える

(7) **板　書**

◇授業の過程が分かり，振り返りができる板書を心掛ける

→ノート指導と関連させる

◆学年に応じた文字の大きさで

※文字は丁寧に書き，筆順間違いのないように

◆文字の大小，色分け，[　]の使用等，内容による書き分けの工夫をする

◆「考えるための内容」と「まとめの内容」を書き分ける

◆図示，短冊，視聴覚機器等を効果的に活用する

(8) その他
① 話し方
　◇明確な言葉で，歯切れよく，短文で，分かりやすく話す
② 指示
　◇簡潔で，子どもに分かりやすい指示を心掛ける
　　（ポイントを紙に書いて示す，大切なルールはみんなで声に出して確認する　等）
　◇危険が予想される事項は，禁止事項を確認させる
　◇望ましい行動と良くない行動の例を，説明を加えて明確に示す
　◇見学等の場合は，活動前に指導や指示を行う
　　※日頃から教師の指示に従って行動することを定着させる
③ 学習集団の活用
　◇2人グループの活動から始める
　　活動が定着したら，徐々にグループを大きくしていく
　　（5～6人が最適）
　◇慣れるまでは，男女の数，日ごろの人間関係等，グループのメンバー構成に配慮し，認め合える雰囲気を作る
　◇初めに，活動の内容，活動の時間，注意事項を説明する
　◇個々の役割を明確にし，責任が平等になるように担当を交代していく
　◇互いの交流を中心にした活動にする（自分の考えを発表する，他者の考えを聞く，交流を通じ考えを練り上げる）
　◇お互いの話し方，挨拶，声かけ等を指導する
　　（反対意見を述べる場合）
　　　○さんの意見も良いと思いますが，私は△と考えます。その理由は～

◇教師が適切に援助し，励ます場を作る
④ 提出物，ノートの点検
できるだけ早く点検し，短くても評価の言葉を必ず添える
⑤ 補充指導
◇個別指導
  ◆一人ひとりの理解度に応じて行う
  ◆原則的に，授業時間内に行う
    （授業の中で，一斉指導と個別指導を組み合わせる）
  ◆個別指導の時間を設定する
    （振り返り学習とセットで，2週間に1時間程度設定する）
◇家庭学習
  ◆授業時間の補充を兼ねて，授業とセットで実施する
    （予習，復習，自己学習等，内容を工夫する）
  ◆生涯学習の基盤としての学習習慣の定着を図る
    （留意点）・意義の明確化
         ・学校，学年の共通理解
         ・家庭との連携（協力を要請する）
         ・後の点検指導を迅速，丁寧に行う
          （必ず評価のコメントを添える）
⑥ 注意の方法
◇注意はタイムリーに，短く
◇言葉以外に，首を横に振る，手で×を示す等の体を使っての注意も
◇威圧的な言葉，全体の前で恥をかかせる等は厳に慎む
◇興奮している場合は，時間を置く
◇注意後，好ましい行動が見られたら，必ず褒める
（授業中の問題行動発生の原因）
  ◆授業の内容が分からない

◆授業が面白くない

◆教師が嫌い

◆注目してもらいたい　等

教師の子どもたちへの対応が不適切であったり，何故そのような行動を取るのか教師が理解できない等も原因となることがある

7　評　価

(1) **子どもの評価**

①　診断的評価…単元導入時に，授業に必要な知識・技能・経験が揃っているか確かめる

②　形成的評価…指導の途中で，指導の成果を確かめる

③　総括的評価…授業終了時に理解度（指導目標が達成されたか）を確かめる

（総括的評価のテスト）

◇基本・応用・発展の内容を入れる

　（どの部分にポイントを置くかにより内容が決まる）

◇評価基準を明確にする

　（参）評価規準…評価する内容

◇学年担任間での共通理解が必要

(2) **教師の授業の評価**（資料6，P.114）

①　十分な事前研究に基づいた授業であったか

②　授業のねらいは達成できたか

③　子どもに達成感はあるか

　⇒詳しく評価すると

　　◇授業のねらいは明確であったか

　　◇学習のポイントが明確であったか

　　◇学習過程は適切であったか

◇教師の発問，助言は適切であったか
◇子どもの活動は適切であったか
◇資料，教材，教具は適切であったか
◇教師の話し方は適切であったか
◇子どもへの対応は適切であったか
◇板書は適切であったか　等

[授業公開（研究授業）]

　教科指導の力量を高めるためにはできるだけ沢山の授業を見ていただくとともに，他の先生の授業を見せていただくことが最も有効だと言えるでしょう。積極的に研究授業に参加しましょう。

※研究授業　→　◇教師と子どもの関係が見える
　　　　　　　　◇担任の経営方針が見える
　（授業者）　◇自分の癖等を見直す機会に
　　　　　　　　◇計画と実践のズレの経験も財産に
　　　　　　　　　→「授業したこと」が自信となる
　（見学者）　◇自分との違いに着目し，「自分なら～する。」
　　　　　　　　　の視点で参観する
　　　　　　　　　※授業者それぞれの方法があるので，欠点の指
　　　　　　　　　　摘より，良かった点に着目する

(3) **各教科のポイントと展開例**

　各教科の授業の展開例を挙げてみますが，これらは一例に過ぎません。素晴らしい実践をされている先生方が沢山いらっしゃいます。子どもたちが目を輝かせて取り組む授業を目指して研修を重ねましょう。

[国　語]
（物語教材の展開）
1　ポイント
　◇出来事の理解（ストーリー）
　◇登場人物（主人公）の思いの理解
　◇作者の思い（意図）の理解
　◇読者（自分）の思い，考えの形成
2　展　開
　(1)　全文の音読
　　①　教師の範読を聞く
　　②　初発の感想を書く
　　③　語句の意味，用法を押さえる
　　④　音読練習（すらすら読めるように）
　(2)　文章の組み立ての把握（通読）
　　◇場面分け
　　　クライマックスを中心に全体の流れをつかむ
　　　（時を表す言葉に注目）
　　　◆始まり
　　　◆起こり
　　　◆山の始まり
　　　◆クライマックス
　　　　・印象が強い
　　　　・筋の流れが転化，決定
　　　　・描写性が高い（詳しい，細かい　等）
　　　　・作品テーマに強くかかわる
　　　◆山の終わり
　　　◆終わり

※低学年は教師が分けても良い
　(3)　内容の把握・深化（精読）
　　◇場面ごとの理解（いつ，どこで，だれが……）
　　　⇒出来事，登場人物の思い
　　◇導入部の大切さ…時代，登場人物，物語の背景等，物語の設定の基本
　　◇クライマックスまでどのようにつなげるかを念頭に
　　◇クライマックス→表現方法に注目させる
　　　◆倒置法　◆繰り返し　◆比喩表現　◆情景描写　等
　　※注目すべき部分の読み深めを
　　※ポイントとなる事柄についての適切な質問を
　　※登場人物の思い，考えはワークシートを活用して
　　※低学年は，動作化も有効
　(4)　主題の把握（味読）
　　◇作者の意図の理解
　　◇感想，手紙等に読者の思いを書く
　　◇考えの交流

（説明文の展開）

◇説明文…まだ知らない人たちに説き明かした文章
　（報告文，観察文，記録文）
　⇒内容がどのように説き明かされているかを吟味して読む
　　（説き明かしの「過程」に注目する）
1　ポイント
　◇説明内容の理解
　◇筆者の考え，思い（意図）の理解
　◇読者（自分）の考え，思い
2　展　開

(1) 全文の音読
　① 教師の範読を聞く
　② 全文を読む
　③ 語句の意味，用法を押さえる
　④ 音読練習（すらすら読めるように）
(2) 内容の理解（論理の理解）
　① 形式段落分け
　② 構造の理解
　　◇問題提起→前文
　　◇具体例→本論
　　◇まとめ→後文
　③ 段落ごとの内容理解
　　◇各自で内容のまとめ
　　◇意見の交流
　　◇全体で内容のまとめ
　　※大切な文，語句に注目させる
　　※理解を深めるための教師の適切な質問が重要
　④ 段落に小見出しをつける
　⑤ 内容ごとに段落をまとめる
　　※事実か，考えか，感想か
　　※指示語，接続詞に注目させる
　⑥ 段落図の作成
　　段落相互の関係図
　⑦ まとまりごとに見出しをつける
　⑧ 筆者の意図の理解　（これが最も重要）
(3) 吟　味
　　◇自分の考えをまとめる

◇意見交流

　　　◇感想

[社　会] ||||||||||||||||||||||||||||||||||||||||||||||||||||

　1　ポイント

　　　◇自分との関わりで課題を捉える

　　　◇社会的事象の意味や価値を理解する

　　　　・事実認識→社会が見える

　　　　・社会認識→社会が分かる

　　　　・価値認識→価値を知る

　　　◇より良い未来形成に参画する意志を育成する

　2　展　開

　　⑴　事象や事柄について知る

　　⑵　課題を設定する

　　　（取り組ませたい課題について考えさせる）

　　⑶　課題追究

　　　◇追究（調べ学習）の方法について考える

　　　◇追究する（調べる）

　　　◇結果をまとめる

　　⑷　結果の交流

　　　◇まとめたことを発表・交流する

　　　◇分かったことをまとめる

　　⑸　考えをまとめる（自分の考えをまとめる）

[算数・数学] ||||||||||||||||||||||||||||||||||||||||||||||

　1　ポイント

　　　◇きまり（規則性）や方法を自分で見つけ出すこと

　　　　→算数の面白さ

　　　◇問題を解決すること

⇒教師が教えてしまっては算数の価値がない
2　展　開
　(1)　前時の復習
　(2)　導入（つかむ）…本時の課題をつかむ
　　　学習課題を把握し意欲を喚起する
　(3)　展開（見通す，解決する）…課題を解決する
　　　◇課題追究の見通しを立てる
　　　◇課題を解決する
　　　◇一人で考える
　　　◇グループで考える
　　　◇考えを交流する
　(4)　応用（練り上げ）…考え方を他の問題に応用する
　(5)　まとめ…結果を整理する（振り返り，発展させる）
　　　◇本時の学習を振り返る
　　　◇身に付けた基本事項を基にして，次の学習につなげる

［理　科］||||||||||||||||||||||||||||||||||||||||||||||||||||||||||||||

1　ポイント
＜物質・エネルギー＞
　実験（観察）を通して，ものの性質や働き，規則性を見つけ出す
　（ポイント）比較して「何を見つけたいのか」をハッキリさせる
＜生命・地球＞
　観察を通して比較し，性質や働き，規則性を見つけ出す
　（ポイント）視点（色，形，数　等）を決めて比較する
　　　　　　　共通点（似ている）と差異点（違い）に注目する
2　展　開
　(1)　課題を見出す
　(2)　予想を立てる…事象を説明するための仮説を立てる

(3) 観察・実験する…仮説を確かめる実験方法を立案し，実験する
◇観察・実験の器具の扱い方
◇観察・実験の仕方
◇観察・実験 （実験は２時間続きで）
(4) 観察・実験の結果をまとめる…観察・実験結果を整理する
(5) 仮説と結果の考察…仮説と結果の差異とその理由を考える
(6) 事象の性質や規則性の明確化…事象の性質（科学的な用語を含む）や規則性をまとめる
※授業の内容に応じて，［課題設定］，［予想］，［観察・実験］，［結果］，［考察］，その他に［話し合い］や［製作］等を適切に組み合わせる

[生　活] ||||||||||||||||||||||||||||||||||||||||||||||||||||||||||||||||

1　学習活動の内容
① 学校と生活
② 家庭と生活
③ 地域と生活
④ 公共物や公共施設の利用
⑤ 季節の変化と生活
⑥ 自然や物を使った遊び
⑦ 動植物の飼育・栽培
⑧ 生活や出来事の交流
⑨ 自分の成長
2　展　開
(1) 単元の流れを，まとまり（小単元）ごとに分けて，配置する
(2) 小単元ごとに，活動を考える
◇＜話し合い＞　＜考える＞
◇＜計画立案＞

◇＜活動準備＞

　　◇＜活動＞

　　◇＜発表＞　＜紹介＞

　　◇＜振り返り＞　＜交流＞　＜感想＞

　　等を活動内容に応じて組み合わせる

[音　楽] ||||||||||||||||||||||||||||||||||||||||||||||||||||||||

（展　開）

(1)　始まりの挨拶

　　→子どもたちが知っている歌で始めることも

(2)　導入（5分位）

　　→既習曲の合唱や合奏，階名唱，リズム打ち　等

　　　（時間がない場合は省略）

(3)　本題の展開

　　→歌唱，器楽，鑑賞，音楽づくり　等

　　◇どの場合でも，ねらいを明確に指示する

　　　（今日は〜をします）

　　※個人やグループでの活動を取り入れる場合

　　①　活動の内容と活動時間の目安を指示する

　　②　活動を見守り，適切な指導を行う

(4)　まとめ

　　→◇できるようになったこと（成果）の発表

　　　◇本時の振り返り（感想の発表，ワークシートの記入　等）

(5)　教材・教具の整理・整頓

(6)　終わりの挨拶

　　→子どもたちが知っている歌で終わることも

[図画・工作]・[美　術] ||||||||||||||||||||||||||||||||||||||

（授業の流れ）

(1) 導　入
　◇説明はコンパクトにまとめる
　◇子どものイメージが膨らむ工夫
　　（作品例や写真を見せる　等）
　◇課題を明示する（どのような活動をするのか）
　◇安全についての指導
　　（例）はさみ，カッター等を使用する場合
　　　◆使った後や移動する時は，道具箱やケースに入れる
　　　◆渡す時は，相手に刃先を向けない　等
(2) 展　開
　◇導入後，困っている子はいないかチェックし，支援を
　　（造形遊び）教師や友達が一緒に動いてみる
　　（絵画）話をしながら，イメージをもたせる
　◇机間指導で，一人ひとりの進み具合を把握し，個別に指示を与える
　　※良い活動には称賛を（みんなに紹介も）
　◇時間を保障する
　◇安全についての指導
　　授業の始まりと，後半に事故は多い
　　　→子どもの様子をしっかり把握する
(3) まとめ
　◇終了10分前頃に終了予告を
　◇作品，用具類の整理をさせる
　◇子ども同士の作品を見合う場も設ける

［家　庭］・［技術・家庭］ ||||||||||||||||||||||||||||||||||||||||
（実　習）
実習の前日までには，道具の点検等の下見を必ずしておく

(できれば実習室で，子どもに道具の場所の説明をしておく)
　　◇実習にかかるまでに，
　　　・実習内容の説明
　　　・使用する用具類の説明
　　　・注意事項の説明
　　　　等を丁寧に指導する
　　◇施設・設備等の学習環境の安全に十分配慮する
　　◇落ち着いた状態を確認して，実習にかかる
(1)　調理実習
　　①　身仕度を整える
　　②　手洗いを丁寧に
　　③　調理　　　→　・危険な道具の扱いに注意を
　　　　　　　　　　　・衛生面に十分に配慮する
　　　　　　　　　　　・計量……計量器具で正しく計る
　　④　後片付け　→　・みんなで分担して
　　　　　　　　　　　・もとの場所に道具をしまう（数の確認）
(2)　製作実習
　　①　針等の数の確認
　　②　製作中は不必要なおしゃべりをしない
　　③　針，はさみ，ミシン等，使用用具の扱いに注意
　　④　後片付け→針等の数の確認

［体　育］||||||||||||||||||||||||||||||||||||||||||||||||||||||||||||

（授業の流れ）
(1)　初めの挨拶
　　挨拶，本時の活動と目当ての説明
(2)　準備運動
　　①　基本の運動→ラジオ体操，ストレッチ，……

② その日，使う部分の運動

　　③ 補強運動（体力を高める運動）

(3) 導　入

　既習の内容のおさらい

(4) 展開（前半）

　本時の目当ての練習　（始める前に目当ての説明を）

(5) 展開（後半）

　ゲーム，試技　等

(6) 整理体操

(7) 終わりの挨拶

　本時の振り返り，挨拶

[総合的な学習] ||||||||||||||||||||||||||||||||||||||||||||||||||||||||

(学習の流れ)

(1) 課題を設定する→日常生活や社会に目を向け，体験活動等を通して課題を設定し，課題意識をもつ［調べ活動から，体験活動から，DVDや写真から，教材文から，意見交流から　等］

(2) 探究活動

　　① 情報の収集→必要な情報を取り出したり，収集したりする

　　　［見学，現地調査，聞きとり，インタビュー，図書，新聞，写真，インターネット　等］

　　② 情報の整理，分析→情報を整理したり，分析したりする

　　③ まとめ→気付き，発見，考え等をまとめ，判断する

(3) 結果の交流→学習のまとめを公表し，考えを交流する

　［発表会，展示，討論会，紙芝居，体験交流会　等］

(4) 考えをまとめる→自分の考えをまとめる

　⇒この活動を通じて，新たな課題の発見につながる

［英　語］

1　ポイント
　◇恥ずかしさがあると上達しにくいので，温かい雰囲気づくりが重要
　◇リスニング，リーディング，スピーキング，ライティングのそれぞれの力が育つ授業の流れを工夫する
　◇どのレベルの子どもにも対応できるように，一つの活動にもいくつかのレベルを準備する

2　展　開
　(1)　挨　拶
　　　How are you？　月日，曜日，天候　等
　(2)　前時の復習
　　　前時の復習をウオーミングアップを兼ねて行う
　　　（ペア活動の活用）
　(3)　導　入
　　　◇新出単語，熟語の学習
　　　◇本時のめあて，流れの明示
　(4)　展　開
　　　◇リスニング
　　　◇読解
　　　◇リーディング
　(5)　まとめ
　　　◇ポイントのまとめ（ライティング）
　(6)　本時の復習
　　　◇英問英答
　　　　（ペア活動の活用）

＜小学校の英語活動の流れ＞

① 挨拶
② 前時の復習
③ 導入（担任と英語指導助手のデモンストレーション）
④ 展開（メインの活動）
⑤ 発表
⑥ まとめ，振り返り

新学習指導要領では次のような内容が導入されます。

[プログラミング教育] ||||||||||||||||||||||||||||||||||||||||||||||||||

子どもたちに，「コンピュータに意図した処理を行うよう指示することができる」ということを体験させながら，次のような資質・能力を育成する

[小学校]

身近な生活でコンピュータが活用されていることや，問題の解決には必要な手順があることに気付くこと。

[中学校]

社会におけるコンピュータの役割や影響を理解するとともに，簡単なプログラムが作成できるようにすること。

※［高等学校］

コンピュータの働きを理解するとともに，実際の問題解決にコンピュータを活用できるようにすること。

これらは，主に総合的な学習の時間等で学習することになると考えられます。

[アクティブ・ラーニング] ||||||||||||||||||||||||||||||||||||||||||||||||

教員による一方的な講義形式の教育と異なり，学習者の能動的な学習への参加を取り入れた学習方法のことで，発見学習，問題解決学習，体験学習，調査学習，グループ・ディスカッション，ディベート，グループ・ワーク等が考えられています。

資料5   第8章　学習指導

○　○　科　学　習　指　導　案

　　　　　　　　　　　　　　　　　　　　　　　　　　　　○○市立○○○学校
　　　　　　　　　　　　　　　　　　　　　　　　　　　　指導者　　○○○○○

1　日時　　　平成　年　月　日（　曜日）第　校時（　：　～　：　）
2　場所　　　　年　組　教室
3　学年・組　　年　組（男子　名，女子　名，計　名）
4　単元名　　「　　　　　　」
5　単元の目標
　　・　………
　　・　………
6　単元の評価基準
　　（関心・意欲・態度）　・　………
　　（思考・判断・表現）　・　………
　　（技　　能）　　　　　・　………
　　（知識・理解）　　　　・　………
7　指導に当たって
　　(1)　教材観　　　　　・　………
　　(2)　児童・生徒観　　・　………
　　(3)　指導観　　　　　・　………
8　指導計画（全○○時間）
　　　第1次　・　………
　　　第2次　・　………
　　　第3次　・　………
9　本時の目標
　　　・　………
10　本時の展開　（本時○/○）

	学習活動と子どもの反応	指導上の留意点	評価の観点
導入			
展開			
まとめ			

11　板書計画
(12　御高評)

資料6

授業観察記録　[　　　　　]

教師名						学級名	第　学年　組（　名）				
観察日	年　月　日　曜日						第　校時				
観察時刻	時　分　～　時　分　（　分間）										
教科名						単元名					
指導の概要											
1	授業のねらいが明確であった					A	B	C	D	E	
2	授業の組み立てが適切であった					A	B	C	D	E	
3	興味・関心をもつ導入であった					A	B	C	D	E	
4	一人で考える場が設けられていた					A	B	C	D	E	
5	グループ活動の場が設けられていた					A	B	C	D	E	
6	考えを交流する場が設けられていた					A	B	C	D	E	
7	学んだことを活用する場があった					A	B	C	D	E	
8	本時の学習を振り返る場があった					A	B	C	D	E	
9	発問や指示は適切であった					A	B	C	D	E	
10	話し方は適切であった					A	B	C	D	E	
11	分かりやすい板書が工夫されていた					A	B	C	D	E	
12	教具や資料の活用が適切であった					A	B	C	D	E	
13	個々への適切な援助がなされていた					A	B	C	D	E	
14	認め合う集団づくりができていた					A	B	C	D	E	
15	学習のルールは守られていた					A	B	C	D	E	
16	学習環境は整えられていた					A	B	C	D	E	
17	授業のねらいは達成できた					A	B	C	D	E	
18						A	B	C	D	E	
19						A	B	C	D	E	
20						A	B	C	D	E	

第9章
進路指導

　進路指導は中学校で行うものと考えられがちですが，キャリア教育として小学校から取り組むことが大切です。

1　キャリア教育

　キャリアとは「生き方」，「経歴」を意味する言葉です。
　人間形成や人生形成のために必要な意欲，態度や能力を育てるとともに人間の生き方の一部として職業や進路について，学び，考えるのがキャリア教育です。

2　キャリア教育の必要性

　高度経済成長を経て，生活が豊かになった反面，それまでのように人々が一致団結して目指す目標が曖昧になってしまいました。
　そんな中，「自分はどのように生きたいのか」「自分はどんな人間になりたいのか」等に悩む若者が増加して社会問題化してきました。
　このような状況を打開し，一人ひとりが「生きる力」を身に付け，希望をもった人生を送るためにキャリア教育の充実が望まれています。

3　小学校のキャリア教育

　キャリア形成に必要な意欲，態度，心構え，能力，スキル等を育成する

　(1)　夢や希望を育てる

① 自分は将来どんな人間になりたいのか，どのような仕事に就きたいのか考える
② 色々な職業について学び，興味のある職業について調べる

(2) 基礎的能力を育てる

一人の人間として，また職業人として必要な基本的な能力を育成する
　　◇コミュニケーション能力……他者と関係を築く力
　　◇課題解決能力……役割や責任を果たし，課題を解決する力
　　◇持久力……根気強く取り組む力
日常の活動や特別活動等を通してこれらの力を育成する

(3) 体験活動の実施

買い物ゲーム，低学年のお世話活動，保育園・幼稚園での職業体験等，生活科や総合的な学習で体験し，学習する

4　中学校のキャリア教育

(1) 未来を切り開く力の育成

学力，人間関係形成能力，情報活用能力，将来設計能力，意思決定能力等を育成する

日常の活動や特別活動等を通して，これらの力を育成する

(2) 職業観の育成

① 将来，何をしたいのか，働くことで何を実現したいのか等について考える
② 職場体験で希望する職業に従事して，働くことの喜びや困難さ等を体験し，職業観を形成する

(3) 進路について考える

① 高校や職場からの進路についての情報を整理し，進路について考える
② 進路希望調査や進路懇談を通じて，進路を選択する

第10章
学級づくり

　マズローという心理学者は「人が自己の成長を目指すには，生理的，安全，所属，承認の各欲求が満たされることが必要である」と述べています。

　子どもたちが学び，成長していく学級は，どの子にとっても安心感と自己の存在感が感じられる場でなければなりません。全ての教育活動の基盤となる学級づくりは教師にとって最も重要な仕事です。

　望ましい学級を形成するためには，「学級集団づくり」「人権教育」「特別活動と道徳教育」「特別支援教育」の充実が欠かせません。

第1節　学級集団づくり

　望ましい学級集団の重要な柱となるものは，次の2点です。
　　◇教師と子ども，子どもと子どもの信頼関係の構築
　　◇子どもの自己肯定感の育成
また，望ましい学級集団を支えるものは以下の4点です。
　　◇ルールの確立
　　◇子どものつながり（認め合い）
　　◇達成感のある取り組み
　　◇保護者との連携
これらの確立に向けて，丁寧に取り組みましょう。

1　子ども理解

(1)　学年の発達段階の特徴

次の項を参照しましょう。

【第7章 生活指導　第1節 子どもの発達段階の理解】（P.72）

(2)　個々の子どもの特徴

それぞれの子どもの現状を把握することはとても大切なことです。個々の子ども像をイメージするため，前学年の担任や関係のある先生にお話をお聞きしたり，指導要録等の資料を調べたり等，できるだけ多くの情報を集めましょう。

2　求める子ども像，学級像を明確に

「正直な子」，「誠実な子」，「礼儀正しい子」，「思いやりのある子」，「責任感をもった子」等，どんな子どもに成長して欲しいのか，教師の願いを明確にすることが大切です。

それを基に，「一人ひとりが存在感がもてる学級」，「お互いが認め合い，協力できる学級」等，求める学級像を子どもたちに提示しましょう。

3　教師と子どもとの信頼関係を築く

(1)　一人ひとりの子どもとつながる

個々の子どもをしっかり受け止めていく

（「先生と居ると安心」と感じられるように）

→子どもが公平感と安心感を抱くことが重要です。

⇒では，何でつながるのか？

　①　一人ひとりに応じた丁寧な対応を心掛ける

　　　◇話をしっかり聞く

　　　　言語の背後にある気持ちを理解する

第10章　学級づくり

　◇子ども全員に，1日に一度は声かけをする
　◇毎朝登校してくる子どもを教室で迎える
　◇低学年では，名前を頻繁に呼ぶ
　◇一斉指導で反応しない子にはスキンシップで
　　（傍らに立つ，背中に触れる，頭をなでる　等）
　◇様々な場面での様子を見守る
② つながれるチャンスを逃さない
　◇子どもに手を貸してやれる場面
　◇朝，中休み，昼休み等の子どもからの話しかけに
　　（これは，子どもたちの情報の収集にも有効です。しかし，得た情報を指導に使う際には，ニュースソースは絶対に明かさないことが重要です。）
③ つながるチャンスを作る
　◇子どもと遊ぶ（休憩時間，レクリエーションの時間　等）
　◇掃除当番，給食当番等，子どもとの行動をできるだけ多くもつ
　◇仕事を頼む（その子にできることを）
　◇始業式の日にクラス写真を撮影する
　　→翌日までに全員の名前を覚え，翌日から名前で呼ぶ
④ 個別指導の時間を作る（指導しながら，認めてやる）
　※「休み時間」は確保すること
⑤ 個人懇談の実施
　年間4～5回，教師と子ども一人ひとりとの話し合いの時間をもつ（「⑦子どもの意識調査」の資料等を参考に）
　※子どもの思いを知るだけでなく，教師の思いを伝える絶好の機会です。
⑥ 家庭訪問の実施
　学校として実施する家庭訪問以外に，長期休業中や，保護者と直

接話をした方が良いと考えられる事象が生じた時に実施しましょう。

※電話で済ませず，家庭訪問で

⑦　子どもの意識調査（2～3週に一度）

意識調査は，教師が見えない子ども間の情報を得るのにも，大変有効です。（得意なこと，苦手なこと，嬉しいこと，困っていること，将来の夢，頑張っていること，友人へのアドバイス　等）

※子どもの興味のリサーチも

⑧　褒める，お礼をいう，共に喜ぶ

◇子どもが良いことをしてくれた時，必ず心から「ありがとう」，「嬉しいな」，「助かるよ」等の言葉を！

◇良いことがあった日は，保護者に連絡を

→喜びを保護者と分かち合う

(2) 自己肯定感を育てる

自己肯定感は，「自分の長所を自覚する」「経験を重ねて自信をもつ」「認められる」「頼られる」等により育つものです。豊かな体験ができる環境を整えましょう。

①　自己を見つめる機会を多く与える

◇日記，手紙（自分へ，友達に，10年後の自分へ　等），自分の長所，自分の欠点とその克服のために努力していること等についての作文　等

◇自分の将来について考える

何になりたいか？→その理由は？→そのために何が必要か？→今，何をしなければならないか？　等

②　子どもたちに目標を設定させる　（頑張れば実現可能な目標を）

年度初めには「こんな人になりたい」　等

→スモールステップの目標を積み重ねて，見通しをもたせる

③　夢につながる場を多く与える
　（良いもの，本物をたくさん見せる）
　　◇ヒーローに触れる（憧れる人，憧れの職業　等）
　　　→本人，テレビ　等で
　　◇1日のうちで将来のために使っている時間は？　中身は？
　　　を考えさせる
④　得意なことを発表する場を多く設定する
　　◇何でもチャンピオン大会　等
⑤　頼られる場を設定する
　　◇他の人の力になる，役に立つ機会を多く与える
⑥　教師の積極的な働きかけ（授業の中で，日々の生活の中で）
　　◇良いところを褒める，励ます，こまめにアドバイスする　等
⑦　子どもの自尊心を大切にする
　　◇失敗を責めない　等

4　学級集団づくり（教師と学級集団との関係づくり）

　4月当初に「自分たちの学級の基本的な行動方法」を指導することが重要です。
　ここでの指導が1年間を決めると言っても過言ではありません。子どもたちが前学級の方法との違いに戸惑わないように配慮しながら，丁寧に指導しましょう。

(1)　担任の目標の明示
　◇「先生はこんな学級を作りたい！」と目標を明示し，機会あるごとに子どもたちにそれを提示することにより浸透させていく

(2)　基本的なルールや規律，適切な行動を身に付けさせる
①　学級のルールを作る
　　◇年度当初は教師がルールを管理した行事（クラスゲーム　等）を

多く取り入れ，「教師に従う」意識を身に付けさせる
◇「弱い立場の子どもも安心できるように」等，ルールが必要な理由を説明し，納得させる
◇みんなが守らなければ困るルールをみんなで考える

＜学級のルール＞　大切な3点について
◇してはいけないこと
　→◆命にかかわること，ケガをすること
　　◆友達が嫌がること
　　　（暴力，悪口，陰口，無視　等）
◇基本的な生活習慣に関すること
　→◆挨拶や返事（「お願いします」等も）
　　◆整理・整頓，時間を守る
　　◆忘れ物をしない
　　◆係や当番は責任をもって行う　等
◇学習に関すること
　→◆話を静かに聞く
　　　（発表が苦手な子も安心して発言できるように）
　　◆発表する時は手を挙げ，指名されてから
　　◆授業中，立ち歩かない
　　◆トイレは休み時間に行く
　　◆勉強の準備（教科書，ノート，筆箱，下敷きの準備）　等
　　※「間違った子」への対応も教えておく
　　　（笑わない，馬鹿にしない　等）

　万一，問題が起きた場合には，全体への指導をタイムリーに行うことが大切です。
　一度にいくつか指導しても身に付かない！
　　→1日に一つずつ付け加えていく

② 望ましい行動の方法とその価値を教える
　　◇ソーシャルスキル・トレーニングで指導する
　　　（例）挨拶，返事，清掃，後片付け，机の整頓，落ちているゴミを拾う　等
　　◆できるまでやらせる
　　◆できた子を褒める
③ クラスの目標を設定する
　短く，色々な場面で使え，語呂のいいものを
　※子どもと一緒に作る
　◎４月初めの「ちょっとしたルール破り」を絶対に許さない

(3) 認め合える温かい関係を築く
　子どもたちが安心して発言することができ，認め合える関係を作ることが大切です。
　どんな行動が望ましいのか，どういう子が素晴らしいのか理解させて，「頑張りが報われる学級」を作りましょう。
① 望ましい価値観を明示する
　　毎日，教師が大切だと考えることについての説話を続ける
② タイムリーに褒める
　　［前向きな姿勢］［努力］［優しい行動，思いやり］［日々の小さな望ましい行動］　等
＜褒めると叱る＞
（褒める）
　　◇具体的な行動を，心から褒める
　　◇小さな変化も見逃さず褒める
　　◇友達の良さを見つけられた子どもを褒める
　　◇グループ活動ではチームワークの良さを褒める
　　◇授業では，机間指導で個別に褒める

◇ルール，約束が守れた場合，具体的行動を取り上げて褒める
　　◇一人ひとりが認められる場を作る
（叱る）
　生命の危険を伴う行動，人権を損なう言動，ルール破り等の行動は厳しく叱る
　　◇「なぜ叱られたのか」を理解させる
　　◇その行為は許されない行為であることを理解させる
　　◇どうすれば良かったのか，望ましい行動を考えさせる
　　　感情的な叱り方，威圧的な叱り方，存在を否定するような叱り方は厳禁
　　　→指導が十分でなかった教師自身の反省を込め，子どもと痛みを分かち合うことが重要
　　　※「褒める」に値する事象だけを褒めることが大切で，何でも褒めていては子どもは満足感が得られません。
　　　※「褒める」と「叱る」を適切に使い分けることで，子どもたちは「望ましい行動」を理解するようになります。
(4)　達成感のもてる取り組みの実施
「みんなと協力したからこんなことができた！」という取り組みを多く実施する
　　◇年間を通して，運動会・体育祭，校外学習，遠足，野外活動，修学旅行，児童会・生徒会選挙，児童会祭り・文化祭，合唱祭，異学年行事，クラスレクリエーション等の取り組みを計画的に設定する
　　　→行事で１年をつなぐ（達成感のもてる年間行事の企画を）
　　◇それぞれの行事についての目標を明確にして取り組みを進める

5　学級，仲間を見つめる取り組み
　　（子どもと子どもの関係づくり）

　子どもたちが，友達を理解し，信頼できる関係を築くためには一緒に

第10章 学級づくり

活動することを通して交流を深めることが不可欠です。できる限り多くの機会を与えることを心掛けましょう。

(1) **交流からの相互理解**
◇発表タイム（日記，本読み，1分間スピーチ　等）
◇話し合い（学級会，ディベート）
◇レクリエーション
◇友達の良いところ調べ
◇グループ活動（紙芝居づくり，グループ制作　等）
◇行事（修学旅行，運動会・体育祭，遠足，文化祭・児童会祭り，音楽会，児童会・生徒会役員選挙　等）
※事前指導，当面指導，事後指導を丁寧に行う

(2) **集団でのコミュニケーション能力の育成**
① ワークショップの活用
（本音を出す）　　◇演劇ゲーム　等
（思いやり行動）　◇グループ絵画　◇目隠し歩き　等
（相手を理解する）◇自己紹介ゲーム
　　　　　　　　　◇会話文から相手の気持ちを考える
　　　　　　　　　◇態度から相手の気持ちを考える　等
（人との接し方）　◇挨拶を考える　◇カウンセリングゲーム
　　　　　　　　　◇言葉のワークショップ
　→言われて嬉しい言葉，嫌な言葉，〜な気持ちの時にどんな声かけが嬉しいか，大人と話す時は，バスから降りる時は　等

② ボランティア活動（他の人の気持ちになって活動する）
小さなことでも自分にできることをやろうと思った時に，押し付けでなく
　→人の世話をする，募金をする，障がいのある人・老人・幼児との触れ合い　等

※日常生活の中でのボランティア

挨拶，エレベーターのボタン押し，友達への激励，物事に一生懸命取り組む　等
③　集団活動

◇児童会・生徒会を中心にした異年齢集団活動の充実

※リーダーの育成

→やろうと思う子に任せ，みんなが協力する

（それぞれの子どもが活躍できる場を設定する）

(3)　特別活動

　人間関係の確立には，実践的な集団生活を通して学ぶことが有効です。特別活動は，「望ましい集団活動を通して」「体験的に」「自治的活動を」学ぶことが目標です。計画的に活動に取り組むことが大切です。

　次の項を参照して，取り組みを進めましょう。

【第10章 学級づくり　第3節 特別活動と道徳教育　1 特別活動】（P.135）

6　保護者との連携

　次の項を参照して，取り組みましょう。

【第11章 保護者との連携】（P.149）

◇保護者から信頼される積極的な行動を

◆信頼される学級指導（学習，生活）

◆学級・学校の情報の発信を（学級通信等で）

◆子どもの良い行動は家庭に報告を

◆問題が生じたら電話でなく，家庭訪問を　等

　これらの取り組みが，学級，学校の支援者を増やすことにつながります。

第2節　人権教育の推進

1　人権教育

人権教育とは，「人権を尊重する精神と態度を育てる教育」です。

残念なことですが，社会には様々な偏見や差別等，人権を侵害する事象が存在します。それらを正しく受け止め，その不合理性に気付かせ，自他を大切にする人間の育成を目指すことが重要です。

＜人権＞

全ての人が，生まれながらにもっている幸せになる権利

(1)　人権に関わる課題

人々の人権を侵害する課題には，同和問題，障害者や在日外国人，高齢者，HIV感染者，性的少数者，アイヌの人々，刑務所を出所した人等への偏見や差別，女性差別問題等が挙げられます。

また，「いじめ」や「虐待」は子どもにとっての重大な人権問題です。

(2)　人権教育の進め方

人権感覚を育て，感じ，考え，行動する力を育てる

＜人権感覚＞

人権が大切にされているか，されていないかを敏感に察知する感覚

＜人権教育の内容例＞

① 色々な人権に関わる問題を学び，理解させる
② 自分たちの行動について考えさせる
③ 異なったものもその存在を尊重して受け入れられる感覚を育成する
④ 人の気持ちに共感し，大切にする姿勢を育成する
⑤ 「偏見」や「差別」に気付き，その解消に努める姿勢を育成する

⑥ 協力して課題を解決しようとする姿勢を育成する
⑦ 自分を大切にする感情を育成する
⑧ 望ましい人間関係を育成する　等

(3) 人権教育の指導の留意点
① 知識の習得より，態度や行動に結びつく実践的学習を重視する
　◇日常の場面での人権問題にかかわる事象を教材にする
　◇多くの人々の生き方に触れさせる
　　本人の講話，DVD・映画，書物，新聞・ニュース　等
　◇ロールプレイング等の体験学習を活用する
　　◆差別する側とされる側と，立場を変えて学習させる
　　　→相手の心の痛みが分かり，より具体的な理解ができる
② 教師自身が人権感覚を磨き，高める努力をする

2　いじめ

　いじめとは「当該児童生徒が一定の人間関係のあるものから心理的，物理的な攻撃を受け，精神的な苦痛を感じている」状態をいうと2007年に文部科学省が定義しました。
　いじめはあってはならないことです。しかし，どんなクラスにも起こりうるという前提で予防に努めるべきであり，起こった場合には早期発見・早期対応が重要です。

(1) いじめの構図
　いじめは人間関係の中のパターンの一つと考えることができ，集団の色々な場に見られ，学校だけに起こるものではない。
　いじめは「いじめる者」「いじめられる者」「いじめを面白がる者」「見て見ぬ振りをする者」等，色々な立場の者たちによって構成される。
　いじめる者の特徴として，自己肯定感が低く，ある種のコンプレックスを抱いていることが多く，それをカバーするために「力」を示そうと

するが，当人も完璧な者ではないので，他の場面ではいじめられる側に立たされることもある。

いじめは意図をもった者が同調者を集めることによりいじめ集団が形成される。同調者は自分がいじめられるのが恐くて加害者側に立ってしまうケースが多い。

いじめられる者はいじめを否定する。それは偶発的なもので，そのうちになくなると考えたがる。また，いじめを認めることは自己肯定感を失うことにもつながるので，事実を追求することは当人を追いつめる可能性があるので，慎重な対応が求められる。

(2) いじめの原因

原因としては多種多様である。ストレスを弱い者への攻撃で解消しようとする「心理的ストレス」，他と異なる特質をもった者への嫌悪感や排除意識からの「異質な者への嫌悪感情」，「妬みや嫉妬」，「遊び感覚やふざけ意識」等が挙げられる。

「自分とは何者か，自分はどう生きればいいのか」等に悩む自己同一化の過程にいる子どもたちの「順位闘争」に原因を見ることもできる。

知力，体力，容姿，服装，経済状態等，あらゆる要素がいじめの材料となる。優等生的な者，家庭的・経済的に恵まれている者等，色々な面で他から羨ましがられる立場にいながら，自己防衛の力が弱い者が被害者となることが少なくない。

また，教師や大人が無意識のうちに特定の子を拒否すると，それを読み取った子どもたちが同様の行動を取ることもあるので，教師は日々の言動に十分な注意が必要である。

(3) いじめの予防

いじめの予防には学校全体で取り組むことが必要である

① 生徒指導体制の確立

　◇いじめ対策委員会を設置する

◆予防対策の策定
　　　◆対応の基本方針の策定
　　◇児童・生徒集会等，あらゆる機会を通じ，いじめを許さないことを実感させ，いじめを許さない学校づくりに取り組む
　　◇いじめ防止月間を毎学期，実施する
　　　◆いじめに関するアンケートの実施
　　　◆いじめに関する授業の実施
　　　◆人権教育の重点実施で，人権を尊重する意識を育てる
　　　◆仲間づくりの行事の実施（異学年交流会　等）
　　◇予防対策を実施する
　　　◆教職員，保護者間の情報交換システムの構築
　　　◆児童生徒理解のための取り組みの実施
　　　　（児童生徒との懇談の実施　等）
　　　◆学校生活のケア対策の実施
　　　　（学校カウンセラーや養護教諭の協力を求める　等）
　　◇指導状況の日常的な点検を実施する
　②　学級指導の充実
　　◇認め合い，支えあう学級集団づくりを推進する
　　◇いじめ防止のルールを作成する
　　◇情報の収集に努める
　③　いじめについての校内研修の充実
　④　指導状況の点検
　⑤　家庭・地域との連携の推進
（4）**いじめへの対応**
学級，学年，学校として，早急に具体的取り組みを実施し，子どもの信頼を取り戻す
　①　担任は自分だけで処理しようとせず，学年全体で対応する

② 個別の聞き取り調査やアンケート調査を実施し、事実の確認をする
　◇いじめられたり、嫌なことをされたことはないか？
　◇いじめを見たり、聞いたりしたことはないか？
③ 子どもたちへの対応
（いじめを受けている子ども）
　◇担任がしっかり受け止め、何があっても守ることを伝える
　　→信頼感を回復させる
　◇その後の対応を話し合う
　　◆保護者に話してもよいか？
　　◆自分はどうしたいのか？
　　◆担任にどうして欲しいのか？　等
　　　※その子に原因を求めるようなことは絶対にしない
（いじめている子ども）
　◇なぜいじめるのか、原因と背景を把握する
　◇心理面を分析する
　◇いじめられている子の気持ちを理解させる
　◇いじめは絶対に許されないことであると認識させる
（いじめを支持する子ども）
　◇いじめを支持した原因と背景を把握する
　◇心理面を分析する
　◇いじめられている子の気持ちを理解させる
　◇いじめは絶対に許されないことであると認識させる
（傍観者）
　◇いじめを制止しなかったことの重大性を理解させる
　◇いじめられている子の気持ちを理解させる
　◇いじめは絶対に許されないことであると認識させる

④　保護者への対応
（被害者の保護者へ）
　　◇いじめが発生したことについて，謝罪する
　　◇当人，加害者等についての今後の対応について説明する
　　◇解決のための協力を要請する（当人のサポート　等）
（加害者の保護者へ）
　　◇事実を説明する
　　◇今後の学校の対応を説明する
　　◇家庭での対応を要請する
（全校の保護者に）
　　◇事実を説明する
　　◇今後の取り組みを説明し，支援と協力を要請する
　　◇日々の啓発に努める
⑤　全校指導の実施
　　◇いじめは絶対に許されないもので，学校は断固とした対応を取ることを明言する
　　◇「遊び」，「軽い冗談」，「ゲーム」，「相手も悪い」等の言い訳は一切認めないことを明言する
　　◇いじめを放置，広がらせた個々の責任を自覚させる
　　※気付かなかった教師の反省も子どもの前で行う
⑥　再発防止の取り組みを徹底すると共に，指導状況の点検に努める
　いじめの芽はどこにでも存在します。それが大きくならないように日常的に摘み取る作業を継続しなければなりません。
　それは根気のいる作業ですが，子どもたちに悲しい思いをさせないためにも，そして健やかな成長のためにも欠かせない重要な作業であると確信します。

3 虐 待

「幼い子どもが虐待により生命を亡くした」というニュースが後を絶ちません。

虐待とは「家庭内の大人から，監護する子どもへの不適切な力の行使」と定義されています。

(1) 虐待の種類

どのような行為が虐待に該当するのでしょうか。代表的なものを挙げてみます。

① 身体的虐待…子どもの身体に外傷が生じたり，または生じる恐れのある暴力を加える
② 心理的虐待…子どもへの著しい暴言や著しい拒絶的な対応，また，配偶者等への暴力行為を見せる等，子どもに著しい心理的外傷を与える言動を行う
③ 性的虐待…子どもにわいせつな行為をしたり，そのような行為をさせること
④ ネグレクト…子どもの心身の正常な発達を妨げるような著しい減食，長時間の放置等，保護者としての監護を著しく怠ること

(2) 虐待の要因

要因として考えられるものを簡単にまとめてみます。

① 保護者の要因…経済的な問題，育児に対する知識の不足，ストレス，親子のコミュニケーションの不成立　等
② 子どもの要因…障害や疾病　等

(3) 虐待の防止に向けて

学校として，教師として虐待防止のためにできることを考えてみましょう。

① 子どもと保護者の信頼関係構築の支援
② 学校体制の確立
　◇学校長を中心とした虐待防止体制の整備
　◇ケース会議の実施
　◇教職員の資質向上（研修の実施等）
　◇「速やかな通告」体制の確立
　　⇒虐待を受けたと思われる子どもを発見したら，確証がなくても関係機関へ通告する
　※虐待が認められたら，早急に対応することが重要
　　子どもの心のケア，保護者への支援，継続的なケース会議の実施等
③ 関係諸機関との連携
④ 虐待防止のための教育の充実

　子どもは虐待されているとは決して言いません。保護者を悪く言えず，苦しんでいます。
　「子どもの様子がいつもと違う」，「何か気になる」等，私たちが敏感に気付くことが大切です。また，気付いたことの情報を交換する等，他の教職員との協力も欠かせません。
　力を合わせて子どもたちを見守っていきましょう。

第3節　特別活動と道徳教育

　望ましい学級集団を形成するには，子どもたちが集団の中での望ましい行動の仕方や他の人との関わり方を学び，自分の生き方を見つめる力を身に付けていくことが大切です。
　これらの力を育むためには特別活動と道徳教育の充実が欠かせません。

1　特別活動

(1)　特別活動の目標
　集団生活を通して，より良い人間関係を築こうとする態度を育て，自己の生き方についての考えを深める

(2)　特別活動のポイント
　◇集団での行動…共通の目標を目指して，集団で協力して実践していく
　◇体験的，実践的な活動…自分たちの力で，色々な問題の解決に向けて活動する
　　→自治的能力を育成

(3)　内　容
　特別活動は活動の内容によって，（A）学級活動，（B）児童会・生徒会活動，（C）クラブ活動（小学校のみ），（D）学校行事の4つに分けられます。

　（A）学級活動
(1)　学級や学校の生活づくりに関すること
　　◇学級や学校における生活上の諸問題を解決する
　　　→話し合い活動の充実
　　◇学級内，学校内の組織を作り，仕事を分担する

→係活動，委員会活動
　◇集団での生活の向上を図る
　　　→自分たちでルールを作り，守る活動の重視
(2)　日常の生活や学習に関すること
　⇒社会的スキルを身に付ける活動
　◇何事にも進んで取り組もうとする態度を育成する
　◇基本的な生活習慣を身に付ける
　　　→挨拶・言葉遣い，持ち物の整理整頓，衣服の着脱　等
　◇望ましい人間関係を築く→社会的スキルの獲得
　◇当番活動等の役割分担と，働くことの意義を理解する
　　　→集団に進んで貢献しようとする態度の育成
　◇健康と安全な生活態度を育成する
　◇望ましい食習慣を形成する→給食指導
　◇図書館を有効に活用する
　※中学校は適応と成長及び健康安全，学業と進路についても指導

[話し合い活動（学級会）の充実のために]
　全ての活動の基本となるのが「話し合い活動」です。「話し合い」は私たちの生活においても大変重要なシステム（仕組み）だと言えるでしょう。子どもたちがしっかり身に付けることが望まれます。
　＜方法＞
①　司会は輪番制にする
　◇5人1組で司会グループを構成する
　◇学級会ごとに司会グループが交替していく
　◇司会グループ内で，会議ごとに役割を交替する
　　（司会1名，副司会1名，記録1名，黒板記録2名　等）
②　「みんなで決める」意識を共通理解する
　司会グループだけが頑張るのではなく，みんなに，「自分たちで決め

るんだ。」という意識をしっかりもたせる
　③　前もって「議題ボックス」にみんなが入れた議題カードの中から，司会グループが，議題を選ぶ（提案理由をよく吟味する）
　④　司会グループは，「議題と提案理由」と，「話し合いの柱」をしっかり押さえて話し合いに臨めるように準備する
　⑤　一人ひとりの意見を大切にする
　　◇反対意見を言う時は，「〇さんの意見もいいと思いますが，私は△の方がいいと思います。理由は〜」と，考えを受け入れてから発言する
　　◇決定は多数決は採用せず，全員一致を原則とする
　⑥　教師の助言は話し合いが柱からそれてきた時に行い，話し合いがスムーズに進むよう，司会グループを補助していく
　⑦　教師の講評は，よかったこと，進歩したこと等を中心に分かりやすく，簡潔に伝える

＜学級会までの流れ＞
　　◇議題の選定→議題ボックスに入れられた議題カードから選ぶ
　　◇議題の決定→みんなに選んだ議題の承認を得る
　　◇準備→司会グループで役割を分担し，話し合いの柱を決める
　　◇連絡→話し合いの柱を報告し，考えをまとめてくるように依頼する

＜学級会本番の流れ＞
　　◇開始の言葉
　　◇司会グループの役割の紹介
　　◇議題の確認
　　◇提案理由の説明
　　◇話し合い
　　　（注意すべき点）

◆議題に沿っているか
　◆一人ひとりの意見が大切にされているか
　◆一人で，また，グループで考える時間が確保されているか
◇話し合いの結果の発表
◇先生の講評
　（B）児童会・生徒会活動
　異年齢の子どもたちからなる集団による活動を通して，自治的能力の育成を図る
　(1)　計画の立案
◇上級生が中心となって，年間，学期，月ごとの活動計画を立案する
　(2)　運営
◇役割を分担し，協力して運営に当たる
代表委員会，集会活動，主催行事の実施，運動会・体育祭等学校行事への協力　等
　（C）クラブ活動（小学校のみ）
　学年や学級が異なる異年齢の子どもたちからなる集団の活動を通して，より良い人間関係を築く力を育成する
　(1)　計画の立案
◇上級生が中心となって，年間，学期，月ごとの活動計画を立案する
　(2)　運営
◇役割を分担し，協力して運営に当たる
　　クラブを楽しむ活動，クラブ発表会　等
※中学校では放課後の部活動がこれに当たります。
部活動は中学校の教育活動の中で大変重要な役割を担っています。
　（D）学校行事
　種々の体験活動を通して，集団への所属感や連帯意識が深められるように取り組みを進める

(1) 行事の種類
① 儀式的行事…入学式，卒業式，始業式，終業式，修了式，着任式，
　　　　　　　離任式，朝会，創立記念日　等
② 文化的行事…学芸会，文化祭，学習発表会，作品展示会，音楽会，
　　　　　　　音楽観賞会，演劇鑑賞会，クラブ発表会　等
③ 健康安全・体育的行事…健康診断，避難訓練，交通安全等の行事，
　　　　　　　　　　　　運動会，体育祭，球技大会　等
④ 遠足・集団宿泊的行事…遠足，修学旅行，野外活動，集団宿泊活
　　　　　　　　　　　　動　等
⑤ 勤労生産・奉仕的行事…飼育栽培活動，校内美化活動，地域清掃
　　　　　　　　　　　　活動，福祉施設との交流　等

(2) 取り組みのポイント
① 活動目標を全員で作り，目標について全員で共通理解する
② 目標を達成するための方法や手段を全員で考え，協力して実践する
③ 一人ひとりが役割を分担し，自分の役割や責任を果たすとともに，自己評価・相互評価をする
④ 一人ひとりの考えを大切にし，信頼し合う関係を作る
⑤ 所属意識，連帯意識を高める

(3) 計画立案のポイント
◇実施する行事のねらいを明確にする
◇ねらいを達成するための活動内容を考える
◇ねらいを達成するための指導方法を考える

(4) 指導のポイント
［事前指導］…子どもの行事への参加意欲を高める
◇今までの行事の積み重ねを大切にする
◇ねらい・意義に関するオリエンテーションを行う

◇目標を達成するための共通・共同の目標をみんなで話し合って決める
◇全員で活動内容やルールを決める
◇役割について話し合い，分担する
◇活動の準備を協力して行う
［当面指導］…計画の実践を見守り，指導，援助する
◇目標達成のために協力して活動しているか
◇自分の役割を全うするために努力しているか
◇自分たちで決めたルールが守られているか
◇新たに生じた課題について，お互いの考えが大切にされて話し合われているか
◇配慮を要する子どもに対して，他の者が適切に対応しているか
◇子どもたちの安全を確保する
［事後指導］…活動をまとめ，反省し，次につなげる
◇自己評価，相互評価させる
・ねらいは達成できたか，何を学んだか，自分にとってどうであったか，課題は何か　等
※教師の評価…何ができたか（成果），何ができなかったか（課題），子どもたちはどう変わったか，ねらいは達成できたか，指導計画・指導方法は適切であったか，次にどう生かすか　等

2　道徳教育

「道徳」とは……みんなで幸せに生活していくための行動規範

(1)　道徳教育

学校の教育活動全体を通じて，人としてよりよく生きるための基盤となる道徳的判断力，道徳的心情，道徳的実践意欲と態度などの道徳性を養い，道徳的実践力を育成する教育活動

(2) 道徳の授業
＜道徳の授業＞
特別活動や各教科，外国語活動，総合的な学習等で学んだ「道徳的価値」を補充，深化，統合して，自分のものとしていく時間
　内容項目の道徳的価値と自己を見つめ，自己の向上につなげる
① 子どもの実態の把握
② ねらいの明確化…教師の願いと授業のねらいを明確にする
③ 資料の吟味…子どもの疑問に答えられるだけの資料の研究
　　◇ストーリーの確認
　　◇道徳的価値がどのように含まれているか
　　◇子どもの実態に適合しているか
　　◇子どもが自分に置き換えて考えられるか
　　◇登場人物の道徳的変化は
④ 授業…道徳的価値について深く考えさせられる流れを考える
＜資料を用いた授業の基本過程＞
時間を無駄なく使い，効果を高める指導を実現する一つの方法
（ア）導入…動機付け
ねらいとする道徳的価値が自分と関係深いことを気付かせ，自分のこととして考えようとする姿勢を作る
（イ）展開前段…道徳的価値の理解（資料学習）
資料の登場人物が行った道徳的行為や，その葛藤，考え方を一つの模範例として受け取らせる
　◇価値理解…道徳的な価値の良さや素晴らしさ，清新さを理解する
（ウ）展開後段
① 振り返り（道徳的価値の自覚）
自分との関わりで道徳的価値を捉える

② 道徳的価値の一般化
　資料での道徳的価値の学習から，それ以外の場面や状況でもその価値が素晴らしいことを確認させる
（エ）終末…道徳的価値の醸成
　ねらいとする価値についてまとめ，実践意欲や態度に結びつける
　◇印象的な終わり方を心掛ける
　　「心に残ったことは？」「授業で分かったことは？」
　　「〜に手紙を書こう。」，教師の説話　等
　この過程に，考えること，議論することを組み入れた授業が求められています。そのためには言語活動や問題解決的学習，体験的な学習を効果的に活用することが重要です。
＜言語活動の例＞
◇自分の考えをまとめるための「書く活動」
◇考えを他者に「伝える活動」（効果的に表現する）
◇他者の考えを理解して「聞く活動」
◇「話し合い（意見の交流）の活動」（自分との関わりで考えて）　等
＜問題解決的学習を用いた授業の例＞
①　導　入
　◇興味を抱かせる工夫を
　◇ねらいとする価値の提示
②　資料学習
　◇資料の設定の理解
　　（登場人物，心情の移り変わり，葛藤　等）
　◇資料で何が問題か，共通理解をする
　　（発問は一つか二つに）
③　一人で考える
　◇課題への答えとその理由をワークシートに記入

④　話し合い
　　◇小グループで話し合いをする
　　　→グループの考えをまとめる
　　◇クラス全体で話し合う
　　　・グループごとの考えを発表し，それぞれの長所，短所等を話し合う
　　　・クラス全体で考えを練り上げる
⑤　まとめる
　　◇各自が考えをまとめ，ワークシートに書く
　　　③から⑤への深まりが授業の成果

＜体験的な学習を用いた授業の例＞
①　日常の生活場面を題材に
②　集団宿泊活動，自然体験活動，ボランティア活動等を題材に
③　ロールプレイの活用…自分が登場人物だったらどう行動するかを演じる　等

第4節　特別支援教育

　2007年に特別支援教育の対象となる障害の範囲が拡大されました。

　それまでは，子どもたちの指導は支援学校あるいは支援学級で実施されていましたが，対象となる子どもたちが増加したことで，通常学級の担任も子どもたちの指導に当たることになりました。

　通常学級の担任が自信をもって特別支援教育を推進するためにはどうすればよいか考えてみましょう。

1　特別支援教育の理念と対象となる障害

　特別支援教育の理念について文部科学省は次のように示しています。
　「特別支援教育は，障害のある幼児児童生徒の自立や社会参加に向けた主体的な取組を支援するという視点に立ち，幼児児童生徒一人ひとりの教育的ニーズを把握し，その持てる力を高め，生活や学習上の困難を改善または克服するため，適切な指導及び必要な支援を行うものである。また，特別支援教育は，これまでの特殊教育の対象の障害だけでなく，知的な遅れのない発達障害も含めて，特別な支援を必要とする幼児児童生徒が在籍する全ての学校において実施されるものである。」

　下線の部分が2007年に追加された部分です。以前は視覚障害，聴覚障害，知的障害，肢体不自由，病弱・身体虚弱，情緒障害，言語障害の7障害が支援教育の対象となっていたのですが，新たに「知的遅れのない発達障害」が加わりました。知的遅れのない発達障害とは，IQが70～75以上のLD（学習障害），ADHD（注意欠陥／多動性障害），高機能自閉症等の障害です。7障害がある子どもは全児童生徒の2.7％と言われていますが知的遅れのない発達障害のある子どもは同じく全体の6.5％と言われ，合わせると子ども全体の9.2％になり，支援学級だけで

なく，通常学級での指導が必要になります。

2　通常学級での特別支援教育を推進するために

　何よりも各学校に支援教育推進の土壌を作ることが必要です。そのためには，「校内委員会の設置」，「特別支援教育コーディネーターのリード」，「個別の指導計画の作成」がポイントとなります。

　委員会は絶えず情報を共有し，支援が必要な子どもがいれば早急に対策を講じることが大切です。

　コーディネーターは管理職等と連絡を密にして体制づくりに取り組み，学級担任は支援教育担当者と協力してそれぞれの子どもに応じた個別の指導計画を作成しなければなりません。

　もう一つ大切なのは，前記のことにも関連しますが，担任一人が抱え込まないシステムを作ることです。そうすることで当然，担任の精神的負担が軽減されますが，それ以外のメリットが多くあります。指導計画を複数の教師で考えることで，多面的な発想が生かされる，多くの教師が関わることで，担任が変わっても指導の方向性が継続でき，保護者の負担も軽減される，子どもの成長を長い流れの中で捉えられる等です。

3　それぞれの特性を見ていく上での留意点

① 　気付くことが大切

　学級生活の中で見られるつまずきは，「本人も困っていること」であることに気付くことが大切です。また，保護者からの情報（生育歴も含めて）は子どもを理解するのに欠かせない資料となるので，連携を深めることがポイントです。

　当然のこととして，発達障害は生後の養育環境によるものではないことを理解しておくことが重要です。

② 診断名

　教育の場では，あくまでもその子に応じた支援を行うための一つの目安として診断から分かる特性を見ていくことが大切です。診断は軽はずみに教師が判断するものではなく，専門家としての医師に委ねます。また，同じ診断名でも，特性の現れ方はそれぞれに違うことも十分理解しておくことが重要です。

　発達検査はあくまでも認知特性を知るための一つの手段ですので，生活の場面で見られる様々なエピソードと合わせて総合的に判断していくことが必要です。

4　障害の理解

　子どもたちは，大人や周りの子どもたちの行動から大切なことを学んでいきます。教師の行動や価値判断が子どもたちの行動に大きな影響を与えることに心しておくことが必要でしょう。

　その意味でも，教師が障害をどう捉え，理解しているかが重要になってきます。

　しかし，特性を知っていることと，理解していることとは違いがあります。特性をもった目の前の「その子」の全部をしっかり受け入れ，その子の成長のために何ができ，何が必要かが分かって，「理解する」ことになるのではないでしょうか。教師自身が障害理解に努めることが如何に重要かを肝に銘じておく必要があるでしょう。

5　問題行動への対応

　問題行動には必ず理由があります。そこをしっかり理解し，適切に対応しなければなりません。そのためには，記録と情報収集が欠かせません。「何時頃からその行動が始まったか」，「どんな場面で」，「結果，どうなったか」，「どれくらいの頻度で」，また，「（問題行動が）見られな

いのはどんな時か」もチェックすることが必要です。
　問題行動が起きてしまった場合の対応を何点か挙げてみましょう。
　◇叱るより，どうすればよいかを教える
　　（必要なら，モデルを見せる）
　◇周囲の子どもたちには，「○○さんは……したかったんだね」，
　　「○○君は……って思ったんだね」等，本人の意図や思いを代弁し，
　　批判的な雰囲気を作らない
　　　→日頃から，温かい学級の雰囲気を作り，子どもたちの協力で当
　　　　人が成長できる学級経営を心掛ける
　◇トラブルの場合は，両者を交えた話し合いだけでなく，本人と一対
　　一の時間をもち，しっかりと思いを受け止める
　　※行動の予測がつく場合はさりげなく予防策を施しておく

6　保護者との連携

　保護者は，他の子どもたちと同じことをさせたいという願いをもちながら，家庭内での葛藤，兄弟姉妹間の葛藤，将来への不安等を抱えていることが多いので，保護者の思いを十分に理解することが，連携のためには欠かせません。
　保護者との信頼関係を築くための方法を何点か挙げてみましょう。
　◇子どもとの信頼関係を築く
　　　→子どもが先生のことをどう伝えているかが保護者の重要な情報源
　　　　で，判断材料となる
　◇保護者の話をしっかり聞いて，受け止める
　　言葉の意味だけに注目せず，語られることは思いの一部分であることを心に留める
　　（表現の仕方には個性があることを理解しておく）
　◇親の辛さ，苦しさなどに共感する

→共感は前に進むパワーになる
　◇言ったこと，約束したことは必ず実行する
　◇相手からの働きかけには誠実に対応する
　◇良いこと，日常的な様子を積極的に，また，具体的に伝える

　特別支援教育は当人の自立，成長のために行われるものですが，もう一つ，「周囲の子どもたちを育てる」という視点を忘れてはなりません。お互いが足らないところを補足し合い，支え合って生きていくことを体感させるのはとても大切なことではないでしょうか。
　人は皆，支え合って生きているのですから。

第11章
保護者との連携

　健やかな子どもの育成には多くの方々の協力が欠かせません。特に保護者との連携は最も大切なものです。子どものことを一番良く知っている保護者と，集団の中での子どもを理解している教師が協力し合って子どもの成長を支えていきたいものです。

［保護者が学校に求めるもの］
　◇社会のルールを身に付けさせて欲しい
　◇善悪の判断ができるようにして欲しい
　◇個性を尊重してほしい
　◇人権を尊重してほしい　等

1　保護者との良好な関係を築く

そのためには，保護者からの信頼を得ることが必要です。
①　保護者の思い，願いを把握する
　　自分が「保護者」だったら，どうして欲しいか？　を考える
②　保護者と親しくなる→連携を深める工夫を
③　安心される学習指導に努める
④　けじめある生活指導に努める
※一つひとつの指導や方法を細かく見ている保護者も多いことを自覚して……（クラスのルール，当番の方法，宿題の出し方，テストの内容　等）

2　連携を深める工夫

何よりも教師から積極的に働きかけることが大切です。
① 　日々の対応
　◇保護者の気持ちの理解に努める
　　（教師意識を捨てて，誠意をもって，気持ちを十分に聞く）
　◇課題を話し合う場合でも，子どもの肯定的な話から始める
　　そのためにも日頃から子どもの良いところや頑張っているところ
　　をきちんと把握しておく
　◇協力し合う姿勢で（非難するのではなく）
　◇否定的な言葉は禁物
　◇何事にも具体策，対応策を提示する
　◇子どもに関して，良いことがあれば，必ず報告をする
　　（電話，連絡帳で）
　◇問題が生じたら，家庭訪問をする（電話で済ませない）
　◇機会あるごとに，感謝の気持ちを伝える
　　※服装，言葉遣い，聞く姿勢に気を付ける
② 　連絡帳
　◇保護者からの連絡には，早急に返事を
　　（保護者は対応を期待しています）
　　※子どもの目に触れない方がよい場合には，封書で
③ 　学級通信
　◇タイトルに工夫を
　◇読みやすい文章，文字で（誤字，脱字に注意）
　◇保護者向けか，子ども向けかを明確に
　◇計画的に発行を
　◇内容の工夫

◆担任の教育方針（思い，願い）

◆予定（学習，生活，行事）　◆学級の様子

◆体験（学習，生活，行事）　◆子どもの作品

◆健康と安全（事故防止，健康管理等）　◆保護者の声

◆知識コーナー　　◆協力依頼　等

[注意事項]
◆学校長の承認を得る（「学校の発行物」の意識を）
◆作品の掲載は，本人の了解を得る
　（一部の子だけでなく，公平に）
◆人権に配慮する
◆お願いや注意事項が多過ぎないこと
◆他学級への配慮

　この他，長期休業中の家庭訪問，子どもへの年賀状や暑中見舞い等も有効です

3　相互理解に時間がかかる保護者に対して

　信頼を得ると，心強い支援者になっていただけるような方々です。そのためには，
　◇話しにくい保護者ほど積極的に働きかける
　◇言動を冷静に受け止め，言い分を丁寧に聞く
　◇担任としてなすべきことを着実に行う
　◇自分にできることを実行して，成果を見せていく
　◇子どもの長所，頑張りや変化を的確にとらえ，保護者に具体的に話す
等を心掛け，信頼される指導を積み重ねることが大切です。

4　保護者への要望

　保護者の要望に誠意をもって応えると共に，教師の思いを理解していただくことも必要です。保護者との間に信頼関係が築けたら，お互いの思いを伝え合うことは子どものためにも，決してマイナスにはならないと信じます。

　◇教師に問題を感じても，子どもの前で悪口を言うのは控えて欲しい
　　→誰の指導を信じたら良いのか，子どもが混乱する
　◇教師に問題を感じても，いきなり学校長や教育委員会に訴えるのは控えて欲しい
　　→不信感が生まれるだけで，問題の解決にはならない
　◇担任に会いたい時は，事前に連絡を入れて欲しい
　　→予定が詰まっているので，その調整が必要である
　◇いつも全ての要求に応えることは難しい
　　→学級には他に何人もの子どもがいて，毎日その一人ひとりの状況に対応しなければならないことを理解して欲しい　等

第12章
問題行動，トラブルに対して

　子どもたちが集団生活を送る中では，種々のトラブルが起こります。また，見過ごすことのできない問題行動が起きる場合もあります。
　このようなことを防止するために日々の指導が大切です。
　もし，起こってしまった場合は何よりも子どもの成長につながる指導を重視し，適切に解決しましょう。

1　問題行動に対して

　問題行動を個々の子どもの問題や学級の問題と捉え，学級担任だけが背負ってしまいがちですが，それでは適切に対応することが難しくなります。学年や学校全体に関わる問題と捉え，教職員が協力して解決に当たることが何よりも重要でしょう。

（指導に際して）
「なぜそのようなことが起きてしまったのか」という背景と子どもの気持ちの理解を重視する
　◇子どもに話を聞く場合
　　◆「指導」のために話す時は，向かい合って座る
　　◆子どもが話しやすくする時は，横か斜め前に座る
　◇注意の仕方
　　◆静かに　◆簡潔に　◆効果的に　◆追い詰めない
　◇子どもの権利と人権を明確にした指導を行う
　　→しかし，指導が及び腰にならないように

※「子どもの権利条約」等を参考にする
◇保護者との連携
家庭訪問をして，落ち着いて話し合う
◆保護者の気持ちを十分に聞く
◆学校，学級での取り組みを示し，家庭での対策を依頼し，協力を得る

(日頃から)
① 子どもと教師の信頼関係の強化に努める
◆あるがままを受け入れる
◆他と比較しない
◆子どもの「褒めてもらって嬉しいところ」を見つける
◆教師が子どもに頼る場面を作る（仕事を頼む　等）
※子どもが教師の指示に従わないのは，子どもにとって教師が有意義な存在ではないから
② 子ども同士のつながりを強化する
人は集団の中に自分の位置を見出すと安定する
・全体の中で認められる場を教師が設定する
→認められることで，子どもたちの自己肯定感が高まる

2　問題行動への対応例

(1) けんか（子ども間のトラブル）
◇その日に解決する
◆個別に事情を聞く
（子どもの力関係で一斉だと正直に言えない子がいることも）
◆周囲の子どもに詳しく事情を聞く
（いつ，だれが，どこで，何をした　等）
◆集めた情報の突き合わせをして，指導内容や対処方法を決める

第12章 問題行動,トラブルに対して

- ◆当事者たちにけんかの原因や思いと,今後についての考え等,話し合いをさせる
- ◆クラスや学年への指導をする
- ◆保護者に報告し,理解と協力を求める
- ◆学校,学級で実施している取り組みを示し,家庭での対策を依頼し,協力を得る

(2) 暴力,物品の強要,万引き

◇できるだけ早急に対処するとともに,「この程度なら」の意識は捨てる

- ◆個別に事情を聞く
- ◆周囲の子どもに詳しく事情を聞く
  (いつ,だれが,どこで,何をした 等)
- ◆集めた情報の突き合わせをして,指導内容や対処方法を決める
- ◆当事者たちに指導をする(許されない「犯罪」であること 等)
- ◆保護者に報告し,理解と協力を求める
  (万引きは店舗に謝罪することも)

(3) 金銭トラブル,喫煙,火遊び

- ◆個別に事情を聞く
- ◆「なぜしたのか」等,行為の原因や背景を考える
- ◆集めた情報の突き合わせをして,指導内容や対処方法を決める
- ◆当事者たちに指導をする
  (「犯罪」や「事件」につながる行為であること 等)
- ◆保護者に報告し,理解と協力を求める

(4) 物隠し

◇「犯人探し」を問題解決の中心にしない
  →子どもたちとの信頼関係を損なったり,人権問題となる場合も考えられる

◇「悲しい思いをしている人がいる」「卑劣な，人として恥ずべき行為である」ことを話し，加害者が自ら名乗り出る環境を作る
　◆長期化させない
　◆被害を受けた子の気持ちや立場に寄り添う（みんなで探す　等）
　◆感情的にならず，冷静に対応する（指示に従わない子がいても）
　◆今すべきこと，今後すべきこと等，対処の方針を決めて取り組む
　◆日々の記録をとる
　◆集団への指導と個別指導を適切に行う
　◆加害者が判明したら，行為の原因や背景を考える
　◆加害者から被害を受けた子へ謝罪させる
　◆保護者に報告し，理解と協力を求める

(5) **器物破損**
　◆個別に事情を聞く
　◆周囲の子どもに詳しく事情を聞く
　　（いつ，だれが，どこで，何をした　等）
　◆「なぜしたのか」等，行為の原因や背景を考える
　◆集めた情報の突き合わせをして，指導内容や対処方法を決める
　◆当事者たちに指導をする（許されない「犯罪」であること　等）
　◆当事者たちに今後の対処を考えさせ，実行させる
　　（謝罪する，修理する，弁償する　等）
　◆保護者に報告し，理解と協力を求める

(6) **落書き**
　◆管理職に報告する
　◆カメラ等で撮影し，速やかに消す
　◆個別に事情を聞く

第12章　問題行動，トラブルに対して

◆周囲の子どもに詳しく事情を聞く
（いつ，だれが，どこで，何をした　等）
◆「なぜしたのか」等，行為の原因や背景を考える
◆集めた情報の突き合わせをして，指導内容や対処方法を決める
◆当事者たちに指導をする
（許されない「犯罪」であり，「人権問題」である　等）
◆当事者から相手へ謝罪させる
◆保護者に報告し，理解と協力を求める

(7) エスケープ
◆すぐに隣の教室や職員室に連絡し，空き時間の教師の巡回を依頼する
◆個別に事情を聞く
◆「なぜしたのか」等，行為の原因や背景を考える
◆集めた情報の突き合わせをして，指導内容や対処方法を決める
◆当事者たちに指導をする
◆保護者に報告し，理解と協力を求める

(8) 教師への暴言
◆複数の教師で対応する
◆言わせっぱなしにしない
◆個別に事情を聞く
◆「なぜしたのか」等，行為の原因や背景を考える
◆当事者たちに指導をする
◆保護者に報告し，理解と協力を求める

3　保護者への対応

◇トラブルが問題化するのは
①　事象そのもの（対処の仕方も含め）に問題がある

② 保護者の担任，学校への日頃からの不信・不満と不安
　③ 認識の温度差（自分の本務ではないと考える教師と，サービスするのが当然であると考える保護者）による初期対応の遅れ
　この中の②が最も多い→日頃からの保護者との連携が重要
◇解決には両者の合意と納得が必要
　① 誠実に温かく対応する
　② 保護者の立場に立ち，話を十分に聞く
　③ 早急に事実関係を調査する
　④ 対応策を検討する（校長，主任等と相談して）
　⑤ 迅速な対応→学級経営方針を明確にし，決意（自分の気持ち）と対策（どうするか）を分かりやすく示す
　　※できないことは請け負わないこと

(1) 対応の具体策

① 申し入れを詳しく聞く
　◆問題だと感じている点（不満だと感じている点）を明確にする
② 事実関係の調査
　◆事の詳細（同学年の教師や子どもたちから聴取）
③ 問題点の整理
　（当事者たちに関して）（担任に関して）
　※必要ならば管理職に関しても
④ 対応
　◇事象への対応
　　◆その後の経過や様子に配慮する
　◇被害者の保護者へ（できるだけ早く家庭訪問する）
　　◆事象の説明
　　◆担任の謝罪と今後の対応策の説明
　　　（必要ならば，主任や管理職が同席し，説明する）

◇加害者の保護者へ（家庭訪問する）

　◆事象の説明と今後の対応策の説明

　◆被害者の保護者への謝罪の要請

◇被害者へ

　◆加害者からの謝罪

　　※必要ならば教育委員会，関係機関に報告をする

(2) 留意点

◇学校としてできることを明言し，要求を丸呑みしない

◇対応（保護者との話し合い）でのメモを正確に取る

◇問題の処理とその後の対応にミスのないように細心の注意を払う

　（対応の対象）被害者，加害者，周囲の子ども，保護者，周囲の保護者，担任（委員会，関係機関も）

◇苦情仲間を増やさない

◇守りに入らない

◇今まで以上に，保護者との連携を強化する

4　学校としての取り組み

(1) 教職員の共通認識を築く

① 教師によって指導が異なることのないように一致した取り組みを進める

　◆問題行動は即，その場で指導する（見て見ぬ振りをしない）

　◆及び腰にならない，媚びへつらわない

② 優しさと厳しさのバランスの取れた指導を心掛ける

③ 子どもの人権を尊重する

(2) 生徒指導体制を確立する

① 問題行動には教職員全員で取り組む体制を確立する

　→一人が手を抜くと学校全体に影響が出る

◇課題を抱える子どもの担任
　　　◆学級指導に全力を注ぐ
　　◇その他の教職員
　　　◆学校全体の指導に当たる
　　　◆課題のある学級への支援を怠らない
　　　◆課題を抱える子どもに積極的に関わる
　　　　（担任の意図に沿った支援を）
　　　⇒各自，どうすれば良いかを考える
　　※日頃からクラス写真等を使って，全職員が全校の子どもの名前を覚え，声かけすることが大変有効
　② 教師が手本を示す
　　◇好ましい行動の模範を示す
　　　（ゴミを拾う，丁寧な言葉遣い，きちんとした服装　等）
　　◇問題行動や子どもたちに対して，適切な対応に努める
　　　※子どもたちは教師の行動をモデルにする

(3) 生徒指導部を充実させる

　子どもたちの行動に対して，生徒指導部として，素早い対応を心掛ける

　「自分がされて嫌なことは人にしない」，「自分がしてもらって嬉しいことをしよう」をモットーに

　→情報の交換，問題行動への対応の指示，重点課題への取り組みの推
　　進　等

(4) 保護者や地域との連携

　日頃から保護者や地域の方々との信頼関係や協力関係の構築に努める
　　※「第11章 保護者との連携」の項（P.149）を参照

(5) 近隣校との連携

　定期的に情報の交換に努める

(6) 関係機関との連携

家庭児童相談所や子ども家庭センター，必要に応じて警察等との情報交換等，連携に努める

[体罰の禁止]

生活指導に関連して，しばしば教師の体罰事象が発生しています。

学校教育法第11条に「校長及び教員は，教育上必要があると認めるときは，文部科学大臣の定めるところにより，児童，生徒及び学生に懲戒を加えることができる。ただし，体罰を加えることはできない。」とあります。子どもを指導する上で懲戒は認められていますが，体罰は厳しく禁じられています。

不当，不正な行為に対して制裁を加えることが懲戒で，その限度を逸脱するものが体罰に当たります。体罰とは「教員や父母が子どもに対して教育上の名目で肉体的な苦痛を与える行為」で，「殴る，蹴る等の暴力」や，「長時間の正座や直立，教室外に起立させて授業を受けさせない，トイレに行かせない，給食を食べさせない等の苦痛を与える行為」等が該当します。

注意，叱責，教室内に起立させる，別室指導，居残り，学習課題（宿題）や清掃活動等を課す，当番を多く割り当てる等は懲戒の範囲であると考えられます。

体罰は違法行為であり，子どもの心身に深い傷を与えるだけでなく，「問題の解決のために暴力を振るうことは許される」との認識を抱かせることになります。

子どもの暴力行為等には，教職員一丸となって毅然とした姿勢で指導に当たらなければなりませんが，懲戒と体罰を明確に区別，判断することが重要です。

5 不登校

(1) 不登校の原因・きっかけ

友人関係，学力不振，教師との関係，学校生活上の問題等，学校の問題に起因する場合が多い。

他に，親子関係や両親の関係等の家庭や家族が原因となる場合や，病気や完璧主義な性格，また，勉強する意味が分からない等，何でも不登校のきっかけとなる。

(2) 不登校の予防対策

① 一人ひとりに応じたきめ細かな指導の徹底

分かる授業，子どもの立場に立った生活指導を日頃から心掛ける

② クラスの仲間づくり

認められ，存在感が感じられるクラスづくりに取り組む

③ 早期発見と早期対応

不登校の前兆を見逃さず，早めに適切な対応を取る

◆欠席状況の把握

→欠席が3日続いたら，即，家庭訪問をする　等

◆家庭との連携

→変化に気付いたら，必ず保護者と情報交換をする　等

※中学入学や新年度初め，長期休業後，休み明けは特に慎重な対応が必要

④ 教育活動の点検

子どもにとって自己の存在が実感でき，安心できる学級となっているか，日頃の指導状況や指導体制の点検を実施する

(3) 学校復帰への対応

（不登校の段階）

① 前兆～前駆期　② 進行期　③ 混乱期　④ 回復期

※回復のチャンスは、①と④期
　（そこで適した登校刺激を与える）
※回復期には、具体的な不安を一つずつ取り除いてやる
　（こういう方法もあるよ！）

「なんとかしてあげよう」より「子どもの理解・信頼関係の構築」を第一に

◇不登校をその子自身の問題と考えるのではなく、成長の一過程と捉えること
◇その子のために何ができるんだろう？　どういうふうに応援してあげられるんだろう？　と考えることが重要
◇子どもの話をできる限り聞き、悩んでいる状況を理解する
◇根気よく、粘り強く、声かけをし、心の交流を
　※粘り強く家庭訪問を続け、11ヵ月目に初めて顔を合わせることができたケースもあります
　　（その子は自立した社会人に成長しました）
　◆本人のペースに合わせてやること
　　（強引に引っ張ってはいけない、しかし、放っておいてもいけない）
　◆こちらの考えを伝える前に、「あなたはどう考えているの？」と気持ちを尊重し、答えを本人に出させる姿勢で臨むこと
　　→大人では合理的に割り切れることも、子どもの中では矛盾することが
　◆不登校状態でも、できるだけ規則正しい生活を保つ
　◆「どこまでできるようになったか」の考え方は子どもを追い込む
　　（行きつ戻りつを繰り返しながら成長していく）
◇子どもの支援とともに、母親の支援が重要なポイントに
　「一生続くわけではありませんよ。大切な成長の一過程です。」等

　　　　と→母親の落ち着きが確実に子どもの安心につながる
◇落ち着いてきたら，肯定的に考えられるように，心の整理をしてやる（否定的な部分を取り除いてやる）
　「行きたいけど行けない」→　何が気になっているのか，何に劣等感をもっているのか　等
◇やる気が起こる活動を与え，多くの体験をさせてやる
　（価値観の多様性を）

(4)　復帰後の対応

◇子どもの心情を理解し，何よりも温かく迎える
◇無理なく，一人でも多くのクラスメートと関係ができるような仲間づくりを
◇保健室等，別室も使用して，状況に応じた学校生活を保障する
◇それぞれの子どもに応じた学習指導を行う
◇担任だけに任せず，学校全体でのサポート体制を築く

6　学校事故

(1)　対　応

事故が起こった場合，早急に適切な対応が求められます。
何よりも「子どもの救済」を最優先することが重要です。

①　応急処置
②　管理職に報告
③　救急車等を要請
④　事故の状況を把握
⑤　家庭へ連絡
⑥　記録の整理と原因の究明
⑦　関係機関への報告
⑧　校内指導の実施

第12章　問題行動，トラブルに対して

必要なら保護者への説明と謝罪，子どもの見舞い，保護者説明会の実施を

(2) 防止対策

事故が起こらないように日常的な対策が重要です。
① 環境面，子どもの行動面，指導の在り方，等の点検と整備
② 安全教育，安全管理の徹底
③ 救急体制の確立
④ 応急処置の講習等，対応策の確立

7　校内不審者侵入対策

不審者の侵入で学校の安全が脅かされています。十分な対策が必要です。
① 校内出入り口の管理
② 校内巡視の徹底
③ 教職員の危機管理トレーニングの実施
④ 子どもの不審者対応避難訓練の実施

8　食中毒への対応

① 子どもへの対策
　健康調査の実施（必要ならば医療機関に）
　※子どものプライバシーの保護を
② 保護者への対策
　経過報告と正しい知識と予防方法の説明
　（医学面と学校生活面の両面で）
③ 保健所，教育委員会等，関係機関への報告
④ 施設，設備の消毒
⑤ 子どもへの指導

当事者への偏見，差別，いじめ等が発生しないように
⑥　外部（マスコミ等）への対応
　　行政当局を通じて，窓口の一本化　等

第13章
1年間の学級経営のポイント

　1年間の教育活動の中で，ポイントとなる項目や行事について取り上げます。

第1節　4月～3月の学級経営のポイント

4月 ||||||||||||||||||||||||||||||||||||||||||||||||||||||||||||||||||

[年間計画の立案]　[4月の月間計画の立案]　[週案の立案]

[入学式]（小学1年生の例）

　1年生担任として，何よりも子どもたちを温かく迎え，1日も早く学校生活に馴染めるように丁寧な指導を心掛けましょう。

（入学式前日まで）

① 　学年担任打ち合わせ…学年経営方針，教材・教具，入学式　等
② 　学級編成の確認

　　◇人数　◇氏名と読み方　◇性別　◇生年月日

　　◇居住地区（下校時一人にならないように）

　　◇放課後児童教室入室者　◇配慮の必要の有無　等

③ 　教材・教具の選択と注文

　　（記念写真の撮影があれば，写真屋に連絡）

④ 　下校のグループ分けと教師の分担
⑤ 　児童生育環境の確認（環境調査票等で）

　　◇家族状況　◇住所　◇健康調査点検　◇保育要録等の点検

◇支援の有無（必要なら，入学式での補助を依頼）
⑥　教室準備
　　◇机，ロッカー等に名札を（靴箱にも）　◇校時表　◇飾り付け
⑦　学年通信の作成
　　◇担任の自己紹介　◇学年経営方針　◇１週間の予定と準備物
　　◇入学式当日の配布物　◇登下校の形態と下校時刻　◇注意点
　　◇徴収金　等
⑧　クラス分け名簿作成（保護者配布用）
⑨　入学式準備までに配布物一覧表作成
⑩　入学式当日の学級指導の確認
　　◇話は分かりやすく
　　◇児童の興味を引く演出を（読み聞かせ，歌　等）
　　◇基本的なルール
　　　（話を聞く態度等をソーシャルスキル・トレーニングで）
　　◇保護者への挨拶　◇教師の自己紹介
　　◇翌日の予定や準備物の連絡　◇名前の確認　等
　　※記念写真撮影の段取りの確認も
⑪　配布物の確認
⑫　体育館（入学式場）でリハーサル

（入学式当日）

◇入学式で，児童の様子を観察
◇学級指導→担任の話（自己紹介，学級経営方針等），配布物の確認，
　翌日の予定等の連絡等
◇記念写真撮影
　※欠席者には必ず連絡を（できれば家庭訪問をする）

（二日目）

◇教室で元気に挨拶して，児童を迎える

◇読み聞かせや歌を歌い，リラックスさせる
◇机の中の整理の仕方　◇筆箱の中身の確認
◇学校ルールの指導
　◆挨拶の仕方　◆ランドセル，帽子等の仕舞い方　◆椅子の座り方
　◆提出物の出し方　◆話の聞き方　◆チャイムでの行動
　◆靴の出し入れ等
◇トイレのルール（使い方，行ってよい時間　等）
◇連絡帳の出し方の指導
　◆毎朝，全員が，「今日のところ」を開いて提出する
　　→（担任）連絡のあるもの，返事が必要なもの以外返却し，返事を書く
◇並び方の指導（背の順，名前順，二列　等）
　※体育の時間に四列の指導を
◇下校グループ分け
◇登下校のルールの指導　※日常的な教師のパトロール実施が有効
◇翌日の連絡（自己紹介の準備
　→好きな食べ物，遊び，得意なこと等を保護者に書いてもらう）

（三日目）
◇昨日までのルールの点検
◇廊下の歩き方
◇学校探検（トイレ，保健室，職員室，校長室，運動場，遊具　等）
◇自己紹介（本人は名前だけで他は担任が保護者のメモを基に紹介）
◇中間休みに全員遊び→チャイムが鳴ったら教室に戻る練習をする
◇教科学習の練習
　国語科等を例に，教科書，ノート，筆箱の出し方，本の持ち方等の指導

［次月の月間計画の立案］

5月

[週案の立案] [1ヵ月目の振り返り]

とても慌ただしく1ヵ月が経ちました。

ここで、腰を落ち着けて、4月の振り返りをしましょう。

次の項目を、5点満点で自己評価してみましょう。

項　目	点　数				
学習規律の定着は	1	2	3	4	5
学習の方法の定着は	1	2	3	4	5
ノート指導の定着は	1	2	3	4	5
基本的生活習慣や学級のルールの定着は	1	2	3	4	5
当番や係活動は	1	2	3	4	5
終わりの会、給食時間の内容は	1	2	3	4	5
子ども理解は	1	2	3	4	5
学級のまとまりは	1	2	3	4	5
学習指導の達成度は	1	2	3	4	5
教材研究は	1	2	3	4	5

問題点が明確になったら、気を引き締めて、課題克服に努めましょう。

[個別の指導計画の作成]

子どもたちの様子や状態が把握できてきたところで、子どもたち全員についての個別の指導計画を作成しましょう。

生活指導面と学習指導面、その他の分野について指導で目指す目標や内容を明確にすることが目的です。

[野外活動に向けて]

この時期に野外活動が実施される学校が多いようです。子どもたちにとって、思い出に残る大変大きな行事の一つです。当該学年の担任は、

有意義な活動となるよう，慎重に取り組みを進めましょう。（詳細は後述）

［今月の振り返り］［次月の月間計画の立案］
6月 ||||||||||||||||||||||||||||||||||||||||||||||||||||||||||||

［週案の立案］
［水泳指導］
　水泳は，子どもたちが楽しみにしているスポーツです。しかし，生命に関わる大変危険なスポーツでもあります。十分に注意して指導に当たりましょう。
　　◇水泳指導が始まるまでに，指導の妨げとなる疾病がある場合，治療を済ますように保護者に依頼をする
　　◇心臓疾患，喘息，アトピー性皮膚炎等のある子どもを把握し，その対応を確認する
　　◇水泳は生命に関わる危険な運動であることを十分に指導し，ルールの徹底を図る
　　　　（着替え時のいたずらやふざけにも厳しく注意すること）
　　◇教師間で指導における留意点を確認する
　　　　（指導中は教師が交替で全員が見渡せる位置に立つ，熱中症への対策　等）
　　◇万が一の場合に備え，救急救命法の講習を必ず受ける
　　　　（AEDの使用にも慣れておくこと）

［授業研究会］
　授業の公開に向けて，準備をしましょう。
　先輩の先生方の授業をできるだけ多く見せていただくことと，たくさん授業を見ていただくことが上達の近道です。
　自分の「こんな授業がしたい。」というイメージを明確にし，指導していただく先生方のアドバイスを参考にして目指す授業を創り上げてい

きましょう。

公開までの計画をきちんと練り上げ，早めに取り組みを始めましょう。

[今月の振り返り][次月の月間計画の立案]

7月 ||||||||||||||||||||||||||||||||||||||||||||||||||||||||||||||||

[週案の立案]

[期末懇談会]

懇談会はどんなに経験豊富な教師でも，プレッシャーのかかるものですが，保護者との連携を強化する絶好の機会と考えてください。

◇懇談会資料作成

　　学習の結果や生活の様子等を基に，学習面と生活面についての評価をまとめておく

（懇談会に際して，留意点）

　①　保護者の知りたがっていることを察知し，ポイントをはずさずに！

　②　資料を活用し，明確な評価基準を示す

　　　（評価基準表，テスト，ノート，作品，子どもの自己評価表等）

　③　子どもの良かった点，頑張った点を具体的に褒める

　④　結果だけでなく，課題克服のための具体的方策を提示する

　⑤　保護者に聞きたい事項を準備しておく

　　　（家庭での様子，友達との様子，休み中の予定　等）

　⑥　要領よく，分かりやすく話す

　⑦　時間は公平に！

　　　（十分に時間を取らなければならない場合は，その日の最後にするとか，別に機会を設けるとか……）

◇懇談が終わったら，必ずそのまとめをすること

　（保護者の考えや依頼事項を整理しておく）

第13章　1年間の学級経営のポイント

［通知表の作成］

◇成績一覧表の作成

　子ども全員の，全ての評価項目についての記入用紙を作成し，評価できたものから順次記入していく

		国　　語				社
		関心・意欲・態度	話す・聞く	書く	読む	知識・理解・技能	関心・意欲・態度
1	浅野　武						
2	池田洋子						
3	植田健二						
4	片桐　愛						

（通知表作成の留意点）

◇子どもも保護者も前向きに考えられる内容表記を心掛ける

◇テスト結果，学習態度，作品，宿題，提出物，生活態度，友人関係等，資料を整理して適切に評価する（根拠のある評価を）

◇評価基準を明示する

　（学年で統一された評価の基準表等を懇談時に保護者に配布する）

（所見記入の留意点）

◇生活面と学習面について，成果の表れたもの，努力の跡が見られるものを中心に記述する

　頑張りが必要なものについては期待の言葉で表現する

◇子どもへの思いが伝わる表現を工夫する

◇成長してから読み返す場合にも違和感がないように記述する

　※小学校時代の通知表に「掃除の雑巾絞りが大変上手です。」と記されているのに気付き「自分は雑巾絞りしか記憶に残らない存在だったのか。」とショックを受けたという人の話を聞いたことがあります。

◇正しい言葉遣いに気を付ける
◇誤字・脱字に気を付ける
◇下書きの段階で，先輩の先生方に指導を受ける
◇記入漏れがないか確認し，期限までに清書して校長先生に見ていただく（万が一訂正があった場合は，訂正印を使用する）

[学期末の仕事]

学期末の主な仕事です。計画的に処理していきましょう。

◇子どもとの懇談
　　三者懇談以外の場合は，保護者との懇談の前に，子どもとの懇談をする（保護者に告げる内容や，子どもの今学期の自己の評価等について話し合う）
◇教材費，積立金等の帳簿の整理，点検
◇教材費，積立金等の精算報告書の作成
◇転出予定者の書類作成
◇転出予定者に積立金等の返却
◇休業中の家庭学習用の課題の作成
　学年の先生で話し合って決める
◇学年便りの作成
　　休業中の生活や課題，また，次学期初めの予定等について記載する（今学期の協力へのお礼の言葉も忘れないように）
◇飼育，栽培しているものの対応を考える
◇出席簿の整理点検
◇表簿類の整理，点検
　　指導要録，健康診断票，歯の検査票等の記載もれや間違いがないかを点検する

[終業式]

（終業式までに）

◇体操服や給食エプロン，絵画の道具，子どもの作品等を計画的に持って帰らせる
◇子どもの休業中の予定をチェックする
　（子どもへのアドバイスも）
◇できたこと，できるようになったこと，これから頑張ること等，今学期の振り返りをさせる
◇休業中の課題の配布とその説明をする
◇終業式当日の配布物を点検する
（終業式）
◇通知表を一人ひとりに，賞賛や激励の言葉を添えて渡す
◇プリント等，配布物を配布する
◇飼育，栽培の当番を確認する
◇休業中の生活について指導する
◇荷物の忘れ物がないか，確認する
［今月の振り返り］
［夏季休業中］
◇教材・教具の返却
　視聴覚機器等，使用した教材や教具を所定の場所に返却する
◇教室の清掃
　　教具棚や教師用机の整理，テレビのカバーかけ，教室のゴミ捨て等，丁寧に清掃する（カーテンをはずして洗濯を依頼する）
◇プリント類の整理
　　テストプリントや使用した資料を整理する
◇教室床に油引きする
◇職員室机やロッカー等の整理・整頓をする
◇生き物や植物の保管
◇今学期の振り返り

学習指導や生活指導について，丁寧に振り返り，評価する
　◇次学期に向けての方針を明確にして，計画を立てる
　◇教材研究
　　次の学期以降の教材研究をし，指導案を作成する
　◇個別の指導計画の見直し
　　今学期の結果を基に，次学期以降に向けて計画を練り直す

［運動会・体育祭に向けて］

運動会は日頃の体育指導の成果を保護者に参観していただく機会です。また，子どもたちが達成感を味わう最大の行事でもあります。その後の学級経営につなげられるように計画的に取り組みを進めましょう。（詳細は後述，P.188）

［修学旅行に向けて］

修学旅行が2学期に計画されている学校が多いようです。当該学年の担任は，計画的に，余裕をもって取り組みを進めましょう。（詳細は後述，P.192）

［次月の月間計画の立案］

9月

［週案の立案］

［始業式］
　　子どもたちに再会の喜びの気持ちを伝える
　◇提出物の確認をする
　◇2学期の大まかな予定の説明

（転入生への配慮）

担任の自己紹介等で不安を和らげる
　◆教材・教具の調整
　　（教科書，ノート，体操服，上靴，給食エプロン　等）
　◆通学路，登校班等の説明（班長に連絡）

◆校時表・時間割の配布　◆下足箱の説明
◆銀行口座等の開設依頼　◆保護者からの要望の聴取
(翌日から)
◇夏休みの交流
　　夏休みに頑張ったこと，楽しかったこと等を作文や発表で交流する（事前に発表内容を確かめる等，悲しい思いをする子が無いように配慮を）
◇学習や生活のルールを再確認する
　（1学期に徹底できなかった点は十分に工夫をして）
◇クラスの目標，個人の目標を立てる
　［今月の振り返り］［次月の月間計画の立案］

10月

［週案の立案］
［文化祭・児童会祭り］
　子どもたちの自主性を尊重し，活動を支援する立場で取り組みを進める
(留意事項)
◇時間の確保…前もって計画的に，準備のための時間等を確保する
◇安全の確保…カッター等の使用は十分に指導し，注意を払う
　（下校時刻が遅くなる場合は，家庭に連絡し，集団で下校させる）
［児童会・生徒会役員選挙］
　子どもたちが政治のあり方を学ぶ貴重な機会です。単なる人気投票にならないように，また，多くの子どもが貴重な経験ができるように十分配慮して取り組むことが重要です。
(学級のまとまりを高めるためにも有効な機会です)
［彫刻刀等の取扱いの注意］
　工作等で彫刻刀やカッターナイフ等を使用する場合には，事前に取

扱いについて十分に指導する必要があります。家庭科での包丁や，算数でのコンパスの使用等と合わせて安全についての指導を怠らないようにしましょう。

［今月の振り返り］［次月の月間計画の立案］

11月

［週案の立案］［今月の振り返り］［次月の月間計画の立案］

12月

［週案の立案］［期末懇談会］（1学期参照）

［通知表の作成］（1学期参照）

［学期末の仕事］（1学期参照）［終業式］（1学期参照）

［今月の振り返り］

［冬季休業中］（1学期参照）

［卒業式に向けて］

　卒業式は学校生活で最後の大きな行事です。巣立つ子どもたちを祝福の心を込めて送り出せるように計画的に取り組みを進めましょう。（詳細は後述，P.201）

［次月の月間計画の立案］

1月

［週案の立案］

［始業式］（2学期始業式参照）

［健康管理］

　風邪やインフルエンザ等が流行する時期です。毎朝の健康観察を怠らないようにしましょう。

　手洗いやうがいの励行と食事，睡眠の大切さの指導も必要です。教師も健康管理に努めましょう。

［今月の振り返り］［次月の月間計画の立案］

2月
［週案の立案］
［学力定着度調査］
　各教科の1年間のまとめをしましょう。
　1年間の学習内容を確かめプリント等でおさらいし，必要な場合には再度指導しましょう。
［今月の振り返り］［次月の月間計画の立案］

3月
［週案の立案］
［卒業式］（詳細は後述）
［子どもとの懇談］
　3学期は保護者との懇談は，ほとんどの学校が実施しません。
　だからこそ，子どもとの懇談を実施しましょう。子どもの今学期の頑張りや，1年間の成長と，今後への期待を心を込めて伝えましょう。
［通知表の作成］（1学期参照）
［学期末の仕事］（1学期参照）
◇表簿の整理
　指導要録の作成（評価・評定・総合所見の記入等）
［修了式］（1学期終業式参照）
◇修了式までに，来年度も使用する教科書，教具の連絡をしておく
（修了式）
◇子どもたちと過ごした思い出を言葉で伝えましょう。
◇入学式や始業式についての連絡をしておきましょう。
［今月の振り返り］
［春季休業中］（1学期参照）
◇次年度への申し送り事項の整理
　学習面，生活面，友人関係，健康面等について次の学年に引き継ぐ

◇教室の自分の荷物をまとめる(教室移動に向けて)
◇1年間の反省をし,次年度に向けての方針を明確にして計画を立案する
◇卒業生担任は指導要録抄本を作成し,次の学校に送る
◇教科書類を点検し,まとめて返却する

第13章　1年間の学級経営のポイント

第2節　野外活動

次の項目について確認しながら，計画を立案しましょう。

1　日程の決定

◇学年会　◇活動施設の予約（前年度に予約済み）　◇活動施設の下見　◇野外活動実施提案（職員会議で）　◇引率教師の依頼提案と決定　◇保護者説明会　◇バス等予約　◇写真屋予約　◇子どもへ提案　◇子どもの話し合い　◇子どもの活動開始（実行委員，ゲーム係等）　◇保護者説明会案内プリント作成と配布　◇保護者説明会プリント作成　◇調理実習の打ち合わせ　◇調理実習準備（材料，道具等）　◇調理実習　◇校外学習実施届（3週間前までに）　◇バス会社との打ち合わせ　◇給食ストップ届　◇健康教育　◇施設に参加人数・班分けの連絡　◇本申込書準備　◇おやつの注文，パン，ジュース，牛乳等の注文　◇費用（前金）振込み　◇しおり完成　◇しおりの送付（活動施設に）　◇子どもの健康調査プリントの作成　◇子どもの健康調査　◇子どもへの説明全体会　◇引率教師との打ち合わせ　◇学校からの用具の準備　◇銀行出金　◇自炊材料等の購入と保管　◇前日点検　◇当日点検　◇救急用車両の通行証取り付け　◇帰校後反省会の準備依頼　（◇引率教師の弁当注文）　◇帰校後反省会　◇費用の支払い（振込み）　◇バス費用支払い　◇不参加者返金　◇使用用具の整理　◇精算報告書作成と配布　◇引率教師費用徴収　◇子どもの全体会　◇他学年への報告会

　これらの予定を次のように日程表に書き入れ，全体を把握することが必要です。

月/日	予　定	行　事	月/日	予　定	行　事
5/8	学年会	職員会議	5/29		
5/9	活動施設下見	委員会活動	5/30	保護者説明会	学年会
5/10	学年会	授業参観	5/31	子ども健康調査	クラブ活動
5/11	子どもへ提案		6/1	実行委員練習	

2　学年会

(1) **目的の設定**

◇自然に親しみ，自然を大切にする心を育てる

◇集団活動を通して，連帯感，協調心を育て，好ましい人間関係を築く　等

(2) **プログラム，日程の検討**

◇教師で決める部分と子どもに任せる部分の仕分けを明確に

　（できるだけ子どもの希望が生かされるプログラムに）

(3) **係，班分け**

① 　係

◇実行委員…各クラス　男○名　女○名

　（活動内容…話し合い進行，しおり作成，当日の進行）

◇ゲーム係…各クラス　男○名　女○名

　（活動内容…キャンプファイヤー，バスの中でのゲーム進行）

② 　テントのグループ分け

テント名	割り当て	計	シーツ係	時計係	電灯係
1	1組女子	8名	4名	2名	2名
2	1組女子	9名	5名	2名	2名
3	1組男子	7名	3名	2名	2名
⋮					

③ 自炊・スタンツのグループ分け（自炊）

グループ	組	女子	男子	計	教師	計
A	1	4	4	8	2	10
B	1	4	3	7	3	10
C	1	5	4	9	1	10
︙						

④ オリエンテーリング，清掃の班分け

班	男	女	計
1－1	4	2	6
1－2	3	3	6
︙			

(4) **教師の役割分担**　※（　）内は担当者を記入

◇団体責任者（学校長）　◇計画・運営（　　）

◇実行委員指導（　　）　◇キャンプファイヤー指導（　　）

◇会計（　　）　◇渉外（　　）　◇保健（　　）

◇当日の役割（食事，自炊，シーツ，オリエンテーリング　等）

(5) **しおりの内容**

① 目的，行先，実施月日，日程

② 服装，持ち物

③ スケジュール全体に関しての注意

④ バスでの注意，引率教師紹介

⑤ 施設の地図（キャンプ地，キャンプ村全体図，自炊場　等）

⑥ プログラム（注意事項も含め）

⑦ 班，グループ，テント分け等の表

⑧ 清掃分担

⑨ 自炊について（飯盒の使い方，カレーの作り方　等）

⑩ 施設の説明（周辺の自然についても）

⑪ オリエンテーリングについて（コース，注意 等）
⑫ 雨の日のプログラムについて
⑬ 歌集
⑭ 日記
⑮ メモ 等

(6) 服　装
◇長袖シャツ　◇長ズボン　◇赤白帽子　◇名札　◇履きなれた靴　◇寝る時の服（体操服　等）　◇寒い時の予備の服（カーディガン等）

(7) 持ち物
◇弁当（腐らない物を）　◇水筒（魔法瓶タイプは不可）　◇お米（1合）　◇ハンカチ　◇ティッシュペーパー　◇筆記用具　◇しおり　◇ビニル袋（小を数枚）　◇洗面用具　◇タオル（2枚）　◇新聞紙（2日分）　◇軍手（綿のもの）　◇ふきん，皮むき器等自炊に必要な用具　◇着がえ　◇靴下（2足）　◇懐中電灯　◇時計（係の者）　◇雨天時のプログラムの材料　◇レインコート　◇薬（酔い止め，虫よけ等必要な者）　◇寝る時の服　◇寒い場合の予備の服　◇保健用品（女子）　◇ナップザック
※これらをリュックサックに入れる

(8) 学校からの準備物（教師用テントに置いておく）
◇ハンドマイク　◇サインペン　◇セロハンテープ　◇画用紙　◇更紙　◇炊事用品［ゴミ袋（大），たわし，クレンザー，飯盒（18個），スポンジ，包丁（グループに2本），カレー材料，お茶の葉，マッチ］　◇救急用品　◇CDデッキ　◇乾電池　◇CD（朝の体操用，歌用）　◇キャンプファイヤー用品　◇オリエンテーリング用品（地図と問題集）　◇書類（使用許可証，ファイヤー申込書，食事人数表　等）　◇代表者の印鑑　◇予備のお金　◇校旗　◇家庭連絡用書類　◇健康

調査結果　◇裁縫用具　◇その他
※この他，教師各自の準備物（携帯電話，笛，保険証，弁当　等）

(9) 保護者説明会用プリントの内容
◇目的　◇行先　◇実施月日　◇日程　◇持ち物　◇服装　◇費用　◇引率教師　◇その他（健康管理について，当地の病院，保険証のコピーの件，キャンセル料　等）

(10) その他
◇費用について　◇クラススタンツについて　◇バス会社との打ち合わせ（費用，バスの大きさ，台数，配車時刻と場所，費用の支払方法　等）　◇写真屋との打ち合わせ（日程，しおり渡し　等）◇減免申請について　◇本申込について　◇健康調査の内容　◇生活保護家庭の保険証について　◇配慮を要する子どもについて　◇バスの座席割り（子ども，教師，写真屋）　◇引率者等のテント割り
◇引率教師との打ち合わせ（スケジュール，役割分担，配慮を要する子どもについて，持ち物，バスやテントの割り当て，携帯電話番号　等）　◇オリエンテーリングについて　◇提出物の確認と期日
◇次年度の予約の件

(11) 下見について
① 持参するもの
　プログラム案等の資料
② 見学場所
　テント，炊さん場，キャンプファイヤー場，グラウンド，メインホール，オリエンテーリングコース　等
　※デジタルカメラで撮っておく（子どもの全体会，保護者説明会で見せる）
③ 打ち合わせ
　◇スケジュール　◇雨天時のスケジュール　◇炊事で借りるものと

数　◇キャンプファイヤーについて（スタッフの手助けや，出し物等）　◇夜の打ち合わせについて　◇朝食等のメニューについて　◇配慮を要する子どもについて　◇費用（食事代，シーツ代，薪代等）　◇費用の支払い方法　◇指導してくれるスタッフの人数　◇提出物　◇しおり提出部数　◇病院　等

④　受け取ってくるもの

　　◇正式申込書　◇シーツ申込書　◇オリエンテーリング地図　等

3　留意事項

①　4月から計画的に取り組みを進める（余裕をもって）
②　実施する行事のねらいを明確にする
③　ねらいを達成するための活動内容を考える
④　ねらいを達成するための指導方法を考える
⑤　事前指導，当面指導，事後指導を充実する

（事前指導）

　　子どもの行事への参加意欲を高める
◇今までの行事の積み重ねを大切にする
◇ねらい・意義に関するオリエンテーションを行う
◇お互いの考えが大切にされる雰囲気をつくる
◇実行委員を中心に話し合いを進め，子どもたちが主体的に参加する
　　意欲を高める
　　　◆目標を達成するための共通の目標
　　　◆活動内容やルール
　　　◆役割について分担し，互いの役割を理解する
◇グループや班の話し合いを充実させる
◇学年集会を開く
◇活動の準備を協力して行う

第13章　1年間の学級経営のポイント

（当面指導）
　計画の実践を見守り，指導・援助する
◇目標達成のために協力して活動しているか
◇自分の役割を全うするために努力しているか
◇自分たちで決めたルールが守られているか
◇実践上で生じた課題について，お互いの考えが大切にされて話し合われているか
◇配慮を要する子どもに対して，他の者がどのように対応しているか
◇子どもたちを見守り，安全を確保する

（事後指導）
　活動をまとめ，反省し，次につなげる
◇自己評価，相互評価させる
　◆ねらいは達成できたか
　◆何を学んだか
　◆自分にとってどうであったか
　◆友達はどうであったか
　◆課題は何か
　◆後輩たちに伝えたいことは何か　等
※教師の評価…何ができたか（成果），何ができなかったか（課題），子どもたちの変容，ねらいは達成できたか，指導計画や指導方法は適切であったか，次にどう生かすか　等
（子どもの評価，教職員の観察やアンケート，保護者の感想や意見等を参考にする）

第3節　運動会・体育祭

次の項目について確認しながら，計画を立案しましょう。

1　目標の決定

◇学校の教育目標，学校行事の目標に照らして設定する
◇平素の体育学習のまとめとして，教育活動の総合的な成果を発表する場とする
◇子どもの自主的，積極的な活動を通して体力や意欲の育成を図る
◇競技・演技を通して，集団への所属感を育む　等

2　内容の決定

◇学年のねらいを明確にし，体育科の教材を中心として日常の学習を基に内容を決める

3　留意点

◇4月から計画的に取り組みを進める
※「見せる」ことに捉われて子どもに過重な負担をかけないように十分注意する
◇参加意欲を高めるテーマの設定を検討する
◇集団の中での個々の役割を認識させ，意欲的に参加できるようにする
◇配慮を要する子どもの参加については，その子の能力や状態を十分検討し，力が発揮できる参加形態を選択する

4 指　導

(1)　事前指導

子どもの参加意欲を高める

◇ねらい，意義に関するオリエンテーションを行う

（前年のＶＴＲ等を見せる　等）

◇代表委員会では，運動会のスローガンや児童会・生徒会種目を話し合い，決定する

◇学級では，実行委員を中心に話し合いを進め，子どもたちが主体的に参加する意欲を高める

　　◆ねらいを達成するための学級，個人の目標を設定する

　　◆係の内容を話し合い，仕事を分担する

◇学年集会を開く

◇協力して練習に取り組ませる

（前日）

◇前日準備を行わせる

◇運動会の日と，その次の日の２日分の連絡をする

※赤白帽子等の予備を準備しておく（当日，忘れた子のために）

(2)　当面指導

学習の成果を十分に発揮できるように支援する

（朝）

◇出欠確認→種目，演技の役割の変更や補充と確認

◇健康観察

◇運動場に持って出る物の確認

◇職員打ち合わせの間にトイレを済ませ，教室で待機するように指示する

(職員打ち合わせ後)
◇予定の変更等があれば，子どもに伝達する
◇午前の予定と注意
◇目標の確認
◇意欲を高める（運動が不得意な子には，声かけを）
◇弁当の保管・管理
◇持ち物や椅子を持って運動場へ
◇教室の施錠と，鍵の返却（職員室へ）

(昼食時)
◇みんなの顔が見えるように座って，昼食を取る
◇子どもの感想を聞く
◇教師の感想を話す
　→頑張りを褒める（運動が不得意な子は特に）
◇健康観察
◇午後の予定と注意
◇意欲を高める
◇トイレに行かせる
◇持ち物を持って運動場へ
◇教室の施錠と，鍵の返却（職員室へ）

(運動会終了後)
◇後片付けを，安全に気を付け，能率よく行わせる
◇子どもにねぎらいの言葉を
◇教師の感想を話す（今後の活動につながる話を）
◇連絡（前日に連絡した内容以外にあれば）

(事後指導)
子どもと活動をまとめ，反省し，次につなげる
◇自己評価，相互評価させる

第13章　1年間の学級経営のポイント

「ねらいは達成できたか」「頑張れたところは」「友達の良かったところは」「心に残ったことは」等
⇒作文等にまとめさせる

5　教師の評価

※教師の評価…何ができたか（成果），何ができなかったか（課題），子どもたちの変容，ねらいは達成できたか，指導計画や指導方法は適切であったか，次にどう生かすか　等

第4節　修学旅行（例・広島への修学旅行）

次の項目について確認しながら，計画を立案しましょう

1　日程の決定

◇学年会　◇宿泊施設の予約（前年度に予約済み）　◇旅行業者との打ち合わせ　◇宿泊施設，活動施設の下見　◇修学旅行実施提案（職員会議で）　◇引率教師の依頼提案と決定　◇保護者説明会　◇写真屋予約　◇保健所届　◇修学旅行実施届（3週間前までに）　◇給食ストップ届　◇しおり，折りづる等材料購入　◇子どもへ提案　◇子どもの話し合い　◇子どもの活動開始（実行委員，折りづる係等）　◇保護者説明会案内プリント作成と配布　◇保護者説明会プリント作成　◇折りづる作成依頼（在校生に）　◇折りづる作成　◇子どもの事前学習会　◇健康教育　◇おやつの注文　◇費用（前金）振込み　◇しおり，資料の完成　◇しおりの送付（旅行業者，施設，写真屋に）　◇子どもの健康調査プリント作成　◇子どもの健康調査　◇配慮を要する子どもの情報集約　◇子どもへの説明全体会　◇引率教師との打ち合わせ　◇学校からの用具の準備　◇銀行出金　◇在校生への報告会（前）　◇修学旅行中の集団登校や委員会活動等の依頼　◇前日準備　◇前日旅行業者との打ち合わせ　◇当日点検　◇帰校後反省会の準備依頼　（◇引率教師の弁当注文）　◇帰校後反省会　◇費用の支払い（振込み）　◇不参加者返金　◇使用用具の整理　◇精算報告書作成と配布　◇引率教師費用徴収　◇写真屋費用徴収　◇子どもの全体会　◇デジカメ写真の編集　◇在校生への報告会（後）
※事前学習会で講師を依頼するなら，その手続き（講師料も）
（上記の予定を，日程表に記入する）

第13章　1年間の学級経営のポイント

月/日	予　定	行　事	月/日	予　定	行　事
10/16	学年会	職員会議	10/30	子どもへ提案	
10/17		委員会活動	10/31	保護者説明会	学年会
10/18	学年会	授業参観	11/1	子ども健康調査	クラブ活動
10/19			11/2	実行委員練習	

2　学年会

(1) 目的の設定
◇歴史や文化にふれ，平和を愛する心を育てる
◇集団活動を通して連帯感，協調心を育て，好ましい人間関係を築く　等

(2) コース，活動内容の検討
◇教師で決める部分と子どもに任せる部分の仕分けを明確に

(3) 教師の役割分担
① 旅行前後の役割
◇計画（　　）　◇渉外（旅行業者，宿泊施設，写真屋　等）（　　）
◇諸届（旅行届，保健所届　等）（　　）
◇しおり，資料作成（　　）　◇折りづる作成（　　）
◇給食ストップ，おやつ注文（　　）　◇物品購入（　　）
◇保護者説明会案内プリント作成（　　）
◇保護者説明会プリント作成（　　）
◇健康調査プリント作成（　　）　◇会計（　　）
◇実行委員指導（　　）　◇健康教育（各担任）
◇保護者説明会（　　）
② 旅行当日

◇団体責任者（学校長）　◇計画・運営（　　　）
　　◇実行委員指導（　　　）◇会計（　　　）◇渉外（　　　）
　　◇保健（　　　）◇当日の役割（食事係　等）（　　　）
(4)　係，グループ分け
① 　係
　　◇実行委員…各クラス　男○名　女○名　計○名
　　（活動内容）・プログラム（セレモニー等）の検討　・クラスでの話し合い進行　・部屋割り，バスの座席，新幹線の座席（往，復）決め　・しおり作成　・資料作成　・クラスでの説明　・全体会での説明　・当日の進行
　　◇折りづる係…各クラス　男○名　女○名　計○名
　　（活動内容）　折りづる作成（他学年への指導も）
② 　グループ分け
　　（部屋のグループ）

部屋名	割り当て	計	室長	副室長	時計係
1	1組女子	8名			
2	1組女子	9名			
3	1組男子	7名			

　　（行動班のグループ）

グループ	組	女子	男子	計
A	1	4	4	8
B	1	4	4	8
C	1	3	5	8
⋮				

(5)　しおりの内容
　　◇目次　◇目的　◇行先　◇実施月日　◇宿泊施設名と住所
　　◇引率教師の紹介　◇担任教師から一言　◇服装　◇持ち物

◇注意（全般，バス，新幹線　等）◇２日間のスケジュール
◇バスの座席（往，復）◇新幹線の座席（往，復）
◇宿泊施設略図　◇部屋割り図
◇宿泊施設での注意（買い物，食事，入浴　等）
◇見学地の紹介と略図　◇見学地での注意　◇こづかい帳
◇日記　◇実行委員名とメッセージ

(6)　資料の内容

◇広島について　◇手記，詩　等　◇現在の世界の状勢　等

(7)　服　装

（活動時）◇華美にならない自由な服装　◇赤白帽子　◇名札
　　　　　◇履きなれた靴
（寝る時）◇体操服，ジャージ　等
（寒い時の予備の服）◇カーディガン　等

(8)　持ち物

◇弁当（腐らない物を）◇水筒（魔法瓶タイプは不可）
◇おやつ（学校から渡された物）◇ハンカチ
◇ティッシュペーパー　◇筆記用具　◇しおり
◇ビニル袋（小を数枚）◇さいふ　◇お小遣い（3000円以内）◇洗面用具　◇タオル（２枚）◇着がえ（下着，靴下）
◇寝る時の服　◇寒い場合の予備の服　◇時計（係の者）
◇雨具（傘かレインコート）◇薬（酔い止め等必要な者）
◇保健用品（女子）◇ナップザック
※これらをリュックサックに入れる（一つにまとめる）
※持ち物には全て名前を書く

(9)　学校からの準備物（保健用の部屋に置いておく）

◇ハンドマイク　◇サインペン　◇セロハンテープ　◇画用紙　◇更紙　◇はさみ　◇救急用品　◇折りづる　◇ゴミ袋　◇代表者の印鑑

◇お金（入場料，講師料等）

(10) **教師の持ち物**

◇家庭連絡用書類　◇健康調査結果　◇裁縫用具　◇その他
※この他，教師各自の準備物（携帯電話，笛，保険証，弁当　等）

(11) **保護者説明会用プリントの内容**

◇目的　◇行先　◇実施月日　◇日程　◇持ち物　◇服装
◇費用　◇引率教師　◇緊急の連絡について
◇その他（健康管理について，当地の病院，保険証のコピーの件，キャンセル料　等）
※見学地，宿泊施設等についてはプロジェクターで映して見せる

(12) **その他**

◇費用について　◇健康調査の内容　◇生活保護家庭の保険証について　◇配慮を要する子どもについて　◇お小遣いの金額について
◇トランプ等の遊び用具について　◇バス，新幹線の引率者の座席割り　◇引率者等の部屋割り　◇修学旅行翌日の子どもの登校時刻
◇行程表を教頭先生に渡す　◇当日の朝の門，トイレ等の開錠依頼
◇当日欠席の場合の連絡時刻　◇不参加者の学習体制　◇学校への連絡（新幹線乗車後，宿泊施設着時，発時，帰りの新幹線乗車後，学校へのバス乗車後）◇次年度の予約の件等

3　旅行業者との打ち合わせ

◇行程全般　◇費用（施設入場料等必要なお金も）　◇費用の支払い方法（前，後）◇キャンセル料等について　◇バスの大きさと台数
◇バス会社名と電話番号　◇バスの配車時刻と配車場所　◇新幹線の座席（往，復）◇食事のメニューについて　◇食物アレルギーの子どもの食事等について　◇食事数の変更について　◇食事の座席
◇２日目の弁当店名と電話番号　◇添乗員について　◇荷物の運送業

者名と電話番号　◇船会社名　◇荷札について　◇その他
※しおりは完成後，渡す

4　写真屋との打ち合わせ

◇担当者の名前と人数　◇写真を撮る場所　◇費用と支払い方法について　※しおりを渡す

5　引率教師との打ち合わせ

◇行程全般　◇役割分担（全体，各場所で）　◇配慮を要する子どもについて　◇バス，新幹線の座席　◇宿泊施設の部屋　◇持ち物（個人，学校から）　◇当日朝の集合時刻　◇携帯電話の番号について（◇１日目の弁当について）
※その他（緊急時のタクシー代，学校への土産　等）

6　下見について

(1)　宿泊施設
（施設について）
◇施設の全体図　◇非常口　◇全体集合できる場所　◇使用できる部屋　◇部屋の広さと宿泊人数　◇本部，教師の部屋　◇食事場所の広さと設備　◇風呂　◇トイレ　◇洗面所　◇教師の打ち合わせの部屋　等
（設備について）
◇部屋の設備（テレビ，置き物，掛け軸，冷蔵庫，電話，ふすま　等）◇自動販売機　◇エレベーター　◇ゲームコーナー　◇売店　◇部屋の鍵　◇放送設備（階ごとの放送が可能か）　等
（その他）
◇スケジュール全般について　◇食事のメニュー（夕，朝）　◇食事

の座席　◇アレルギー食について　◇病人の食事について
◇教師の食事　◇夜のお茶　◇２日目のお茶　◇病人の対処（病院等）　◇売店での買い物について　◇寝具のしまい方　◇貴重品の保管　◇緊急避難場所は　◇靴はどこで履き替えか　◇当日の他の利用者　◇施設設備の破損の弁済について　◇特に気を付けることは
◇しおり等の送付期限　等
※デジタルカメラで撮っておく
　（子どもの全体会，保護者説明会で見せる）

(2)　**見学場所**
◇見学施設　◇集合場所　◇トイレの場所と数　◇危険箇所
◇活動範囲　◇施設と利用についての打ち合わせ　◇当日の他の利用者　◇利用予約　◇費用の支払い方法　等
　※デジタルカメラで撮っておく
　　（子どもの全体会，保護者説明会で見せる）

(3)　**移動経路**
◇信号等をチェックし，安全な経路を選択する

7　留意事項

①　４月から計画的に取り組みを進める（余裕をもって）
②　目的を明確にする
③　目的を達成するための活動内容を考える
④　目的を達成するための指導方法を考える
⑤　事前指導，当面指導，事後指導を充実する

（事前指導）
子どもの行事への参加意欲を高める
◇今までの行事の積み重ねを大切にする
◇ねらい・意義に関するオリエンテーションを行う

第13章　1年間の学級経営のポイント

◇お互いの考えが大切にされる雰囲気を作る
◇実行委員を中心に話し合いを進め，子どもたちが主体的に参加する意欲を高める
　◆目標を達成するための共通の目標
　◆活動内容やルール
　◆役割について分担し，互いの役割を理解する
◇グループや班の話し合いを充実させる
◇学年集会を開く
◇活動の準備を協力して行う

（当面指導）
計画の実践を見守り，指導・援助する
◇目標達成のために協力して活動しているか
◇自分の役割を全うするために努力しているか
◇自分たちで決めたルールが守られているか
◇実践上で生じた課題について，お互いの考えが大切にされて話し合われているか
◇配慮を要する子どもに対して他の者がどのように対応しているか
◇子どもたちを見守り，安全を確保する

（事後指導）
活動をまとめ，反省し，次につなげる
◇自己評価，相互評価させる
　◆ねらいは達成できたか　◆何を学んだか
　◆自分にとってどうであったか　◆友達はどうであったか
　◆課題は何か　◆後輩たちに伝えたいことは何か　等
※教師の評価…何ができたか（成果），何ができなかったか（課題），子どもたちの変容，ねらいは達成できたか，指導計画や指導方法は適切であったか，次にどう生かすか　等

（子どもの評価，教職員の観察やアンケート，保護者の感想や意見等を参考にする）

第5節　卒業式

次の項目について確認しながら，計画を立案しましょう。

1　日程の決定

◇学年会
◇職員会議に提案（係の分担等も含め卒業式担当教員より）
◇練習日程　◇子どもの活動開始（実行委員）　◇合唱曲の選曲
◇係，担当者の打ち合わせ（管理職，卒業生担任，在校生指導教員，司会担当，音楽担当）
◇ＢＧＭの選曲　◇準備物（マイク，証書盆，証書机，白布　等）
◇記念品目録作成（教育委員会，ＰＴＡ　等）　◇祝辞依頼
◇証書授与台帳作成　◇卒業証書作成　◇司会用原稿作成

2　学年会

(1) 目的の設定
◇学校の教育課程を修了する喜びを味わわせる
◇お世話になった方々に感謝の気持ちを伝えさせる
　（在校生）卒業生を祝福する

(2) 式の流れ，式場の形態等の検討
卒業式担当教員と共に行う
（式の流れ）
◇開式の言葉
◇国歌斉唱
◇校歌斉唱
◇卒業証書授与

◇学校長式辞

◇教育委員会告示

◇市長等祝辞

◇来賓祝辞

◇祝電等披露

◇記念品贈呈

◇送る言葉（在校生）

◇お別れの言葉（卒業生）

◇閉式の言葉

◆それぞれの部分での子ども，教師の動きを確認する

(3) 教師の役割分担

卒業式担当教員に依頼する

(4) 実行委員の活動

◇クラスでの話し合い進行　◇呼びかけの作成　◇呼びかけの分担

◇クラスでの練習進行

(5) 日程に関して

（卒業式前々日まで）

　　◇氏名の文字の調査（卒業証書に記載する）　◇証書授与台帳作成

　　◇当日読み上げ名簿作成　◇指導要録抄本作成

　　◇精算報告書作成と配布　◇卒業文集配布　◇卒業アルバム配布

　　◇学校図書返却確認　◇卒業証書の点検　◇卒業清掃

　　◇子どもたちがお世話になった先生方へのお礼の挨拶を

　　◇荷物を持って帰らせる

　　◇卒業式当日の，子どもたちへのお別れの言葉の準備

（卒業式前日）

　　◇卒業証書の点検（2回目）

　　◇会場確認（マイク，式次第，飾り付け　等）

◇準備物確認（証書授与台帳，記念品目録　等）
　　◇子どもへの配布物（通知表，氏名印　等）
　　◇当日の荷物を入れる袋の持参を指示（大きめのものを）
(卒業式当日)
　　◇出欠調査（欠席者の証書を抜く，呼びかけ等欠員補充　等）
　　◇チャイムを切る　◇会場，準備物の確認　◇証書授与台帳（読み上げ名簿と）　◇目録
　　◇職員打ち合わせ（式の流れについて…起立の場面　等）
(式後，教室で)
　　◇配布物の確認　◇お別れの言葉

3　学級指導

(事前指導)
◇卒業式の意義と心構えについて
◇卒業式の計画について
◇お別れの言葉について
　どんなことを話したいかの希望を調査し，それらを参考にして実行委員と作成
◇式次第の指導
◇お別れの言葉の指導
◇卒業証書授与の指導
◇合唱の指導
◇卒業に向けて
　自分たちの教室，お世話になった特別教室等の清掃活動を
(当面指導)
◇練習の成果が立派に発揮できるように見守り，指導・援助する
(事後指導)

◇式の様子について簡単にまとめて講評する
◇多くの方たちからの祝福への感謝の気持ちと，将来への希望を自覚させる

第14章
表簿の管理

　学校には何種類かの表簿があります。表簿とは学校に必ず備え付けるべきものとして定められた（学校教育法施行規則28条）書類のことです。日常の業務に関わる主な表簿を挙げます。
　◇指導要録1（学籍に関する記録）…（保存年限）20年
　◇指導要録2（指導に関する記録）…（保存年限）5年
　◇出席簿…（保存年限）5年
　◇健康診断票…（保存年限）5年
　◇歯の検査票…（保存年限）5年　※健康診断票と一体
　◇卒業生台帳…（保存年限）永年
　◇指導要録抄本…（保存年限）20年と5年
　これらの整理を確実に，また，保管を明確にしておくことが大切です。主な表簿の整理，点検の方法を簡単に述べておきます。
　※指導要録等は文部科学省のホームページからダウンロードできますので，参考にしてください。
　※都道府県，市町村で表簿の様式が異なりますので，確認してから記入をしてください。
　表簿の点検の際には，それ以前の転出入児童生徒のリストアップをしましょう。
　そして，氏名，転出入年月日，出，除の日付，転出入先学校名を確認しましょう。

1　1学期・2学期

(1) 指導要録1
① 氏名索引…転出入等の確認・記入
② 学級名と整理番号
③ 児童生徒欄…◇氏名（印でも可）とふりがな　◇性別
　　　　　　　◇生年月日　◇現住所（印も可）
※番地等のハイフンは不可（〇）2丁目15番地　（×）2－15
④ 保護者欄…◇氏名とふりがな
　　　　　　◇現住所（「児童生徒に同じ」の印）
⑤ 入学・転入学の欄…年月日の記入
　※転入の場合は前校の「出の日」と本校の「入の日」の整合性に留意を
　※前校の書類は本人の本校書類の後に添付する
⑥ 学校名・所在地…印でも可
⑦ 年度・校長氏名印・学級担任氏名印
　※転出者の書類には，転出時に，学級担任印（朱印）を押印する（校長印は校長が）
　※児童生徒の現住所や保護者名の変更等は，正式書類を受け取ってから変更する
　（旧事項に二重線，新事項を記入，欄外に鉛筆で変更年月日と事由を記入）
　※支援学級在籍者…支援学級の要録に綴り，そのコピーを通常学級の要録に綴る

(2) 指導要録2
① 氏名索引…転出入等の確認・記入
　※指導要録2には索引はなくてもよいが作るのが望ましい

② 児童生徒氏名・学校名・学級名・整理番号
③ （裏面）児童生徒氏名
※支援学級在籍者…支援学級の要録に綴り，そのコピーを通常学級の要録に綴る
(3) **健康診断票，歯の検査票**
① 氏名索引…転出入等の記入
② 学級名・番号
③ 児童生徒氏名・性別・生年月日・学校名
※転入生は学校名を変更
④ 診断結果の記入
※診断月日と年齢も記入
⑤ 校医印

2　3学期末

(1) **指導要録1**
① 1・2学期と同内容点検
② 学級担任印の押印（朱印）
（校長印は校長が押印）
③ 小学校6年生，中学校3年生担任は，卒業年月日と，進学先を記入

(2) **指導要録2**
① 1・2学期と同内容点検
② 各教科の評価（A，B，C）の記入
※通知表との整合性に留意する
③ 小学校3年生以上の学年には，「評定」（1，2，3）の記入を
④ 総合的な学習，外国語活動，特別活動，行動の記録等の評価を記入

※平成30年度（中学校は平成31年度）から「道徳」の評価も
⑤　総合所見の記入
⑥　出欠の記録の記入（備考欄に欠席等の理由も記入）
　※記入漏れや記入間違いがないか，入念に点検すること
　　（情報公開で開示を請求される場合も考えられることを念頭において）

(3) 健康診断票，歯の検査票
①　1・2学期と同内容点検

(4) 指導要録抄本
①　小学校6年生，中学校3年生担任は原本に準じて作成

3　出席簿の点検

毎月，出席簿のまとめができたら，次の項目に沿って点検をしましょう。
①　転出入者の有無
◇有る場合
（転出者）
◇「索引」に赤字で必要事項を記入し，氏名下に赤線を引く
◇「月別児童生徒数」欄に必要事項を記入
　※児童生徒数は毎月の1日の人数を記入
◇出席簿の転出日に「出」，除籍日に「除」を記入し，その日以後の記入欄に一線を記入（3月末まで）
◇「学期のまとめ」欄の氏名下に赤線を引き，当人の次の学期欄（2学期，3学期）に一線を記入（年間のまとめ欄は年度末に記入のため空欄に）
（転入者）
◇「索引」に必要事項を記入

◇「月別児童生徒数」欄に必要事項を記入
◇出席簿の転入日に，「入」を記入し，それ以前の記入欄に一線を記入
◇「学期のまとめ」欄に指名と，転入前の学期欄に一線を記入
② 月別児童生徒数欄の記入
③ 授業日数
　月の最後のページのまとめ欄に月名と日数を記入
④ 祝休日と，運動会等の行事とその代休日を記入し出席記入欄に斜線を引く
⑤ 児童生徒の出欠状況を記入
（欠席等の理由と日付を備考欄に記入）
⑥ 月の累計の記入
⑦ 支援学級在籍児童生徒は支援学級の出席簿と，通常学級の出席簿の整合性に留意を
⑧ 長期休業に入る月（7月，12月，3月）
　◇「学期のまとめ」欄に必要事項を記入
　　※3学期末は「年間のまとめ」欄にも必要事項を記入
　◇「○季休業」を毎週の最初の日に記入し，出欠記入欄に斜線を記入（休業期間中の週全てに）

第15章
教師とは

　少子高齢化が進み，景気の不安定な状態が続く今日，国民や保護者からの教師への風当たりは，益々強くなってきています。
　「教師」という職業について考えてみましょう。
　職業とは，何らかの「もの」や「サービス」を提供し，報酬を得るための仕事です。では教師は何を提供して報酬を得ているのでしょうか。

1　教師という職業

　保護者や世論はそれぞれの立場から種々の要求や批判をします。しかし，それに応えることが必ずしも子どもたちの利益につながるとは限りません。ましてや教育は子どもたちの要求に直接応えるものとして営まれているものではありません。
　教育は子どもの人格の完成と自立を目指し，平和で民主的な世界や国家，社会の形成者となる人材の育成のために営まれるものです。教師という職業は，この目的の達成を目指して努力を続けるものだと思います。
　また，皆さんには，「教師は社会にとって欠かせない重要な職業である」との自覚と自負をもち続けて欲しいと思います。そして，未来への洞察力と知識，人間性を兼ね備えた教師となることを期待します。

2　プロ意識と持ち味を

　教師には，教育者としてのプロ意識が不可欠です。そして，プロフェッショナルには結果が求められます。

高度な教師は，どの子も基準（目標）まで伸ばす技術をもっています。「子どもの現状を的確に把握する力」と「能力を伸ばす最善の方法を見出す力」だと言われています。

　それに比べて，若い教師の力不足は否定できません。「教材の扱い方」，「指導技術の未熟さ」，「子どもの行動への対処の未熟さ」，「生活指導の経験不足」等が挙げられるでしょうか。

　では，不十分さは何でカバーすればよいのでしょうか。

　それは，あなたの持ち味を活かすことです。スポーツが得意ならスポーツで，ピアノが得意なら音楽で。明るさ，笑顔も子どもを元気にさせます。何よりも，若さや素直さ，優しさは未熟な部分を十分にカバーしてくれるものと信じます。

3　教師の持つべき視点

教師として，常に心掛けておく大切な視点をいくつか挙げてみます。
◇個々の子どもの真の姿を把握する
　◆イメージや固定観念にとらわれず，常に「現状」の把握に努める
◇子どもの「良いところ」の発見に努める
◇「その子を理解しようと努めればその子は良くなる」という信念をもつ
　◆本当に愛された者は人を愛することができ，他人を傷つけない
◇個々の子どもに応じた指導を大切にする
◇子どもの「好き，嫌い」に振り回されない
　◆嫌いでも必要な経験をさせることが成長へとつながる
◇担任（自分）以外の誰の指導でも素直に受け入れられる子どもに育成する

＜子どもが求める先生＞

◇公平な先生

◇気持ちを分かってくれる先生

◇思いやりがあり，困っている時に助けてくれる先生

◇分かるように教えてくれる先生

◇明るく，ユーモアがあり，遊んでくれる先生

◇何でも知っている知識の豊富な先生

◇スポーツ好きで健康な，休まない先生

◇約束や時間を守る先生

◇厳しさもあり，クラスをまとめられる先生

◇服装がきちんとしている先生

◇子どもでも一人の人間として尊重してくれる先生

◇言葉遣いの丁寧な先生

　……

あなたは？

4　課題に対して

　現代の教育に関して，多くの課題が挙げられています。

　学習意欲の低下，規範意識の希薄化，いじめ等の問題行動の増加，様々な原因による不登校の多様化，高校中途退学者の増加，ニートの増加，基本的生活習慣の乱れ，体力の低下等，種々の課題があります。また，家庭の教育力の低下が指摘され，子どもの安全を守るという視点からも，家庭や地域との連携をいかに進めるかも重要な課題だと言えます。

　教師の多忙化も深刻な問題です。残業時間が1日平均2〜3時間で，学期末には土，日曜日にも出勤する教師がいます。

　これらの課題は簡単に解決できるものではありませんが，課題を直視し，解決の糸口を探す努力を続けることが大切です。そのためには，教

第 15 章　教師とは

職員の協力体制の構築が不可欠です。その中で自己の責任と役割を自覚し，一つずつ実践を積み重ねていきましょう。

また，保護者や地域の方々の協力がなければ解決できない課題もたくさんあります。

日頃から，学校と家庭と地域の連携の重要性を認識して，お互いの信頼関係の構築に努めましょう。

定期的に教師としての自分を振り返ってみましょう。次の表のA～Eに〇をつけてください。

自己評価表

1	学習指導において，年間計画，月間計画を作成し，計画的に授業を進めている	A	B	C	D	E
2	教材研究や指導案の作成等，丁寧な授業準備に努めている	A	B	C	D	E
3	子どもが理解しやすい授業づくりを心掛けている	A	B	C	D	E
4	一人で考える場，グループでの活動や考えを交流する場，学習を振り返る場等，授業の組み立てを工夫している	A	B	C	D	E
5	個々の子どもに応じた学習指導に努めている	A	B	C	D	E
6	教材研究や研修会への参加等，学習指導の専門知識や技術の習得に積極的に取り組んでいる	A	B	C	D	E
7	人権を尊重した生活指導を心掛けている	A	B	C	D	E
8	子どもの思いを受け止め，個々の子どもに応じた生活指導に努めている	A	B	C	D	E
9	集団生活のルールの定着に向け，丁寧な指導に努めている	A	B	C	D	E

10	問題行動等には子どもの成長を重視した指導を心掛けている	A	B	C	D	E
11	生徒指導やキャリア教育に関する専門知識や技術の習得に積極的に取り組んでいる	A	B	C	D	E
12	学校の教育目標や経営方針を十分理解している	A	B	C	D	E
13	課題解決に向けた学校の取り組みに積極的に参画している	A	B	C	D	E
14	管理職や同僚職員との連携に努めている	A	B	C	D	E
15	保護者や地域の方々との連携に努めている	A	B	C	D	E
16	社会人としてのマナーと常識を身に付けている	A	B	C	D	E

著者紹介

山本修司

　京都教育大学卒業。
　大阪府下の公立小学校に教諭として22年間，管理職として13年間勤務。
　その後，府下の市教育委員会研修課で教育推進プランナーとして教員や管理職の指導を担当。
　現在，枚方市内の小中学校で「道徳教育」，「学級づくり」，「特別活動」等の研修で指導助言に当たる。

教師の全仕事

2017年4月1日 初版発行	著　者	山　本　修　司
	発行者	武　馬　久仁裕
	印　刷	藤原印刷株式会社
	製　本	協栄製本工業株式会社

発　行　所　　株式会社　黎　明　書　房

〒460-0002　名古屋市中区丸の内3-6-27　EBSビル
☎ 052-962-3045　FAX 052-951-9065　振替・00880-1-59001
〒101-0047　東京連絡所・千代田区内神田1-4-9　松苗ビル4階
　　　　　　　　　　　　　　　　　　　　　　☎ 03-3268-3470

落丁本・乱丁本はお取替します。　　ISBN978-4-654-01941-0
Ⓒ S.Yamamoto, 2017, Printed in Japan

多賀一郎著　　　　　　　　　　　　　　A5・147頁　1900円
全員を聞く子どもにする教室の作り方
人の話をきちっと聞けないクラスは学級崩壊の危険度が高いクラスです。反対に人の話を聞けるクラスにすれば、学級も授業も飛躍的によくなります。聞く子どもの育て方を、具体的に順序だてて初めて紹介した本書は、教室づくりの決定版です。

多賀一郎著　　　　　　　　　　　　　　A5・132頁　1800円
今どきの1年生まるごと引き受けます
入門期からの学級づくり、授業、保護者対応、これ1冊でOK
1年生やその保護者への関わり方をていねいに紹介。子どもの受け止め方や授業の進め方、学級づくりや学級通信・保護者会の工夫の仕方など1年間使えます。

中村健一編著　　　　　　　　　　　　　B5・87頁　1900円
担任必携！　学級づくり作戦ノート
学級づくりを成功させるポイントは最初の1ヵ月！　例を見て書き込むだけで、最初の1ヵ月を必ず成功させる作戦が誰でも立てられます。作戦ノートさえあれば、学級担任のつくりたいクラスにすることができます。

蔵満逸司著　　　　　　　　　　　　　　B5・92頁　1800円
見やすくきれいな小学生の教科別ノート指導
国語、社会科、算数、理科等の各学年のノートの見やすい書き方、使い方を、実際のノート例を多数まじえながら紹介。また、「特別支援を意識したノート指導」では、支援を要する児童を意識した板書の工夫などについてもふれる。

蔵満逸司著　　　　　　　　　　B5・86頁・オールカラー　2300円
教師のためのiPhone & iPad 超かんたん活用術
はじめてiPhoneやiPadをさわる人でも、すぐに授業や普段の教師生活に活かせるノウハウを収録！　操作説明や基本の用語、各教科の授業や特別支援教育に役立つアプリも厳選して紹介。

山田洋一著　　　　　　　　　　　　　　A5・144頁　1800円
気づいたら「忙しい」と言わなくなる教師のまるごと仕事術
多忙を極める教師のために仕事術を「時間管理」「即断」「環境」「人間力向上」「道具」「研鑽」「思考」に分けて、今すぐにでも実践したい数々の技術・心構えを詳述。忙しさから解放され、仕事も充実！

前田勝洋著　　　　　　　　　　　　　　A5・143頁　1700円
教師であるあなたにおくることば
「実践する知恵とワザ」をみがく
今、目の前にいる子どもたちを真摯に育てる「知恵あるワザ」のエッセンスを収録。日々悪戦苦闘する教師を癒し、励ます感動のことばの「くすり」です。

表示価格は本体価格です。別途消費税がかかります。

■ホームページでは、新刊案内など、小社刊行物の詳細な情報を提供しております。「総合目録」もダウンロードできます。http://www.reimei-shobo.com/